苏黎世公理

[美] 马克斯·贡特尔 Max Gunther 著

股票投资中的风险
与回报规则

中国青年出版社
CHINA YOUTH PRESS

图书在版编目（CIP）数据

苏黎世公理：股票投资中的风险与回报规则 /（美）马克斯·贡特尔著；宋希晔译.
—北京：中国青年出版社，2023.4
书名原文：The Zurich Axioms：The Rules of Risk and Reward Used by Generations of Swiss Bankers
ISBN 978-7-5153-6913-6

Ⅰ.①苏… Ⅱ.①马…②宋… Ⅲ.①股票投资—基本知识 Ⅳ.①F830.91

中国国家版本馆CIP数据核字（2023）第001517号

苏黎世公理：
股票投资中的风险与回报规则

作　　者：［美］马克斯·贡特尔
译　　者：宋希晔
策划编辑：肖　佳
责任编辑：于明丽
美术编辑：佟雪莹
出　　版：中国青年出版社
发　　行：北京中青文文化传媒有限公司
电　　话：010-65511272 / 65516873
公司网址：www.cyb.com.cn
购书网址：zqwts.tmall.com
印　　刷：大厂回族自治县益利印刷有限公司
版　　次：2023年4月第1版
印　　次：2023年4月第1次印刷
开　　本：787×1092　1/16
字　　数：143千字
印　　张：11
京权图字：01-2022-3833
书　　号：ISBN 978-7-5153-6913-6
定　　价：59.90元

目录

前 言

詹姆斯·奥肖内西

我一直对市场及其运作的原理和方式很感兴趣。多年来，这促使我阅读了大量的书籍和论文。我还读了最近的博客文章，这些文章认真（有时也不太认真）地研究了市场运作的原理，以及成为一名更好的投资者所需的历练。一路走来，我渐渐明白，良好的投资习惯几乎适用于打造成功生活的方方面面。

我一直相信，要想从学习中收获颇丰，最好的方法就是保持真正的开放心态——如果自己笃信的观点与证据相悖则愿意舍弃之，并避免过早地对任何事情下定论。我们总是受到许多行为偏差的困扰，这些行为偏差会严重干扰我们的投资结果。能够意识到这些问题，并采取行动解决这些问题，是非常有必要的。

我很早之前就买了马克斯·贡特尔（Max Gunther）的《苏黎世公理：瑞士银行家的投资秘密》（*The Zurich Axioms: Investment Secrets of the Swiss Bankers*，这是旧版书名）。这本书于1985年首次出版，当时我25岁。有趣的是，在当时，"瑞士银行家"是精明和成功的代名词。

书的前几页内容就让我醍醐灌顶：贡特尔直言不讳地说，若想有效使用书中的任何公理，你必须愿意打赌。在此之前，我并未明确地将投资等同于打赌，但"打赌"一词的宽泛定义当然包括对**任何**不确定结果的押注。他甚至大胆推测，许多人——甚至绝大多数人——希望不下注就能赢。他抨击了那个时代的风险厌恶和保守。

我同意他的观点。要想在投资方面取得成功，你不仅要拥抱怀疑和不确定性，还需要把它们视作投资和生活的基本事实。我一直认为，我们作为人类的最大局限性之一是，我们是确定性思考者，试图在一个充满不确定性的世界中取得成功。但生活，以及投资并不是这样运作的。所以，他一开始就明确了这一点——如果你想获得回报，就要承担相应的风险。

这听起来很简单，但其实非常复杂。有时候看起来最安全的东西，比如短期国库券，从长远来看，风险也是最大的；而其他投资，比如股票，在短期内看起来风险很大，但随着时间的推移，风险会越来越低。

马克斯·贡特尔分享的第一条公理指出：如果你没有感到忧虑，说明你承担的风险还不够大。但随后，他巧妙地将这一观点延伸到了投资之外——如果你害怕风险，你就永远不会坠入爱河，你就永远不会有改变人生的经历，你很可能会过上悲伤、沉闷的生活。因此，如果你想做好投资，就要接受忧虑和不确定性。

他分享的第四条公理，关于"预测"以及应该如何"不要信任那些声称能预知未来的人"。他引用经济学家西奥多·莱维特博士（Dr. Theodore Levitt）的话："你做出25个预测，然后只谈论其中后来被证实的那几个。"35年过去了，我们听到的预测较之前增加了10倍多，但诚实的预言家却少了很多。渴望了解未来是人类天性的一部分，因为它帮助我们保持了一种"掌控的幻觉"。这就是为什么尽管有证据表明抛硬币和关注预测的效果一样好，但我们还是无法控制自己。我们持续认真对待预测，继而持续感到失望。

我认为更好的方法是观察整个市场周期，让经验数据指导我们的行动和投资。实际上，基于风险的股票市场的回报率通常远高于其他市场——当然，或许不是每一个市场、每一次投资，但历史数据所显示出的可能性是明确的——如果你想长期表现良好，你必须下注，让资本处于风险之中。

第九条公理，关于"乐观与悲观"，提供了很好的建议——要乐观，是的，但永远不要只靠乐观来投资。我称自己为务实的乐观主义者，这意味着我对前景持总体乐观的态度，但这并不妨碍我思考可能会出现什么问题，以及如果出现问题我将采取什么行动。我把这看作是态势感知。当事情不按你的意愿发展时，如果你有一个恰当的应对机制，往往会迎来一个好结果。为什么？因为当事情没能如你所愿的时候，你很有可能变得情绪化，而当你的情绪主导你的大脑时，它会抹掉你之前所有深思熟虑的计划，让"蜥蜴脑[①]"完全控制你。

贡特尔在书中分享了一系列公理，为通向成功提供了一个很好的起步框架。要想成功，你不必全盘接受他的建议（或者我的建议），但如果你能制定并遵循一套流程，而不是基于结果来做决定，你成功的概率就会大大增加。

市场每时每刻都在变化。然而，在过去的几千年里，人类的本性一直保持不变。这无形中提供了一个机会，你可以根据人性的特点建立一套流程以控制自己，它绝对能使你免受最坏的本能的影响。正如卡通人物波戈（Pogo[②]）的名言："我们遇到了敌人，那就是我们自己。"明白这一点会让你领先于大多数投资者。制订一个计划，并坚持下去。就是这么简单。

虽然贡特尔分享的最后一条公理听起来有悖常理，但考虑到这一点，它还是很有道理的："长期计划会让人产生一种危险的信念，即未来在自己的掌控之中……不要把自己或他人的长期计划当真。"不同的人会有不同的解读。对此，我的理解是：生活中会出现很多意料之外和计划之外的事情，如果你没有把你的流程和计划与死板的目标或阶段性目标捆绑起来，你会将这些事情处理得更好。如果你制订了一个详尽的长期计划，比如让自己在40岁前成为百万富翁，但这并没有发生，你可能会认为你的流程失败了。然后，你可能会想放弃它，去追逐其他风险可能更大的投资对象来实现你的目标。

一个灵活的计划，加上应急措施，可以为建立长期流程提供一个更坚固的

---

① 蜥蜴脑是指人脑中掌管非理性思考的部分，也被科学研究证实是掌握本能的古老部分。——译者注

② 波戈（Pogo）是一部由漫画家沃尔特·凯利（Walt Kelly）创作的同名连环画的主角。该作品于1948年到1975年期间在美国多家报纸上连载。——编者注

框架。这是否意味着没有什么是确定的——那么为什么还需要计划和流程呢？生活中有很多具体新奇的障碍，而一个专注于克服一般障碍的计划随着时间的推移会对你更有帮助。关键是不要在高度具体的目标上过度思考，而要聚焦于一个更灵活的流程，可以随事件的发展而变化。

　　总的来说，贡特尔所分享的公理体现了对风险的认知。这些公理警告我们，不要重蹈几代投资者的覆辙——他们依赖直觉和故事，而不是靠经验产生的可能性和灵活的处理流程。这些公理告诫人们不要盲目乐观，不要拒绝从错误中吸取教训。成功的投资者会摆脱当下的束缚，让过去、现在和未来都为他们的"当下"服务；他们从别人的错误中学习，意识到自己的不足，并想出策略来规避它们。正如达蒙·鲁尼恩（Damon Runyon）所言："比赛未必快者赢，战斗未必强者胜，下注的方式才是最关键的。"

詹姆斯·奥肖内西（James P. O' Shaughnessy）
《投资策略实战分析》（*What Works on Wall Street*）作者
美国康涅狄格州格林威治

引言

"苏黎世公理"是什么，又是如何得出的

瑞士，一个贫瘠多岩石的小国，大约有半个美国缅因州那么大。它没有一寸海岸线，是地球上最贫瘠的土地之一。它的石油资源和煤炭资源都十分匮乏。至于农业，它的气候和地形并不适合耕种农作物。

300年来，它一直置身于欧洲战争之外，主要是因为，在所有这些战争中，从来没有一个入侵者真正想要占领它。

然而，瑞士人是世界上最富有的国民之一。在人均收入方面，他们与美国人、西德人和日本人持平。他们的货币——瑞士法郎，是世界上最稳健的货币之一。

瑞士人是怎么做到的？

他们是最聪明的投资者、投机者①，是金钱世界中最具智慧的"冒险家"。

这本书就是讲如何赚钱的。

也许这让它听起来像是一本适合所有人阅读的书。但它不是。当然，每个人都想赚钱。但并不是每个人都想通过打赌而赢。这一点造成了人们在现实中的诸多差异。

许多人，可能是绝大多数人，都希望用更稳妥的方式赚钱。这是不应被谴责的愿望。事实上，我们许多最古老的职业道德观念都在敦促我们这样做。我们被告知冒险是不明智的。一个精明的人，除非因生存所迫，否则是不会下任

---

① 作者在书中所使用的"投机"一词，指投资领域中偏短期的获利行为，系中性表达，区别于国内语境中的"恶意炒作"。——编者注

何"赌注"的。舒服安逸的日子意味着一种保守的生活，也许有些沉闷，但一切尽在掌握。

其实，每个人都知道取舍。如果你对打赌有哲学上的偏见，你会发现这本书对你没什么用处，除非它改变了你的想法。

但如果你不介意承担合理的风险——或是像瑞士人那样喜欢冒险——那么这本书就是为你准备的。《苏黎世公理》的内容围绕风险及其管理展开，如果你认真研究、学习这些公理，你所得到的会比你想象的更多。

直白地说就是，这些公理可以让你变得更富有。

这本书是关于在金钱世界"冒险"的。在书中，你会发现股票市场经常被论及，因为我的大部分经历都与其相关，但本书并不局限于股市这一梦想中的超级市场，它也适用于商品期货、贵金属、艺术品、古董和房地产的投资。简而言之，这些公理适用于任何为获得更多财富而将其置于风险中的情况。

每个成年人都知道，生活就是一场冒险。许多人，可能是大多数人，对这一事实并不满意，他们穷极一生都在思考如何尽可能少下注。然而，其他人却走了相反的路线，其中就包括瑞士人。

当然，并不是所有的瑞士男人和女人都有这种特质，但大部分人都有——这足以让我们对瑞士人的性格进行概括。瑞士人不是坐在黑屋子里啃指甲就能成为世界级银行家的，他们是通过直面风险并找出管理风险的方法来做到这一点的。

瑞士人，在他们的群山中环顾世界，发现这个世界充满了风险。他们知道将个人风险降到最低是可能的——但他们也知道，如果你这么做了，你就放弃了成为人群中最耀眼的存在的所有希望。

要想在生活中取得任何一种收益——无论是财富的收益还是个人地位的收益——你必须将你的一些物质或情感资本置于风险之中。你必须做出金钱、时间、爱情或其他一些东西的承诺。这是宇宙中不变的法则，是无法规避的。地球上没有任何生物可以例外。为了成为一只蝴蝶，毛毛虫必须长大；而为了长大，它必须冒险，进入有鸟类出没的地方。没有人可以对此加以反驳。

瑞士人观察到这一切，得出结论：明智的生活方式不是规避风险，而是有意地让自己置身于风险之中。加入游戏，去下注吧。但不是用毛毛虫那种无脑的方式。相反，要以小心谨慎和深思熟虑的方式下注。以这样一种方式下注，你赢得的收益往往会比你损失的要多。**去冒险，去赢吧。**

这能做到吗？确实。这是有公式可循的。也许"公式"这个词用得不恰当，因为它暗示着机械的行动和选择的缺乏。用"哲学"可能更好。这套哲学包含了12个意义深远的冒险规则，这些规则被称为"苏黎世公理"。

请注意：当你第一次遇到这些公理时，会感到有些吃惊。它们不是大多数顾问提供的那种投资建议。事实上，它们与投资咨询行业中一些最受珍视的说法相矛盾。

最成功的瑞士"冒险家"很少理会传统的投资建议。他们有自己的更好的方法。

"苏黎世公理"一词是由二战后聚集在华尔街的一个瑞士股票和大宗商品冒险家俱乐部创造的。我父亲是创始成员之一。这并不是一个正式的俱乐部：没有规章制度，没有会费，也没有会员名单。它只是由一群相互欣赏的人组建的。这些人对致富有着巨大的热情。他们不定期地在奥斯卡德尔莫尼科（Oscar's Delmonico）餐厅或华尔街的其他娱乐场所聚会。这些聚会一直持续到20世纪50年代、60年代和70年代。

他们会谈论很多事情，但主要是关于风险的。当我问我父亲一个他无法回答的问题时，编纂《苏黎世公理》的工作就开始了。我父亲是一名瑞士银行家，在苏黎世出生并长大。他的出生证明上的名字是弗朗茨·海因里希（Franz Heinrich），但在美国大家都叫他弗兰克·亨利（Frank Henry）。几年前他去世时，他的讣告中大肆宣扬他是苏黎世金融巨头瑞士银行的纽约分行负责人。这份工作对他很重要，但他曾告诉我，他真正想刻在墓碑上的是这句话："他下注，并赢了。"

弗兰克·亨利在我高中的时候会看着我的成绩单，抱怨我的课程不完整。他会说："学校没有教你最需要的东西——如何冒险并取得胜利。一个在美国长大的男孩不知道如何在金钱世界中冒险，就像身处金矿中却没有铲子！"

当我在上大学和在军队服役期间试图为未来的职业做选择时，弗兰克·亨利会说："不要只考虑薪水，只靠薪水不足以快速致富，你得有其他的优势。"

非常典型的瑞士式聊天。我把这作为对我的教育的一部分。退伍后，我带着几百美元的补发工资和打扑克赢来的钱，听从了弗兰克·亨利的建议，避开了储蓄机构，因为他对这些机构不屑一顾。我把钱投入了股票市场。我赢了一些钱，也输了一些，最后算下来，差不多还是原先那么多。

与此同时，弗兰克·亨利在股市中玩得很开心。他还在一些加拿大铀矿股上大赚了一笔。

"这是为什么？"我沮丧地问道，"我很谨慎地投资，但一无所获。你买了驼鹿牧场就发财了。是不是有什么我还不明白的地方？"

"你必须知道怎么做。"他说。

"嗯，好的。教我。"

他默默地盯着我，好像不知该从何说起。

事实证明，他脑子里想的是他花了一辈子时间消化吸收的游戏规则。这些规则是瑞士银行业和"冒险家圈子"都理解的规则。弗兰克·亨利自从17岁得到第一份书记员学徒的工作以来，就一直生活在这样的圈子里，他已经把这些规则内化于心了。但他无法具体总结出它们，也无法向我解释清楚。

他向他在华尔街的瑞士朋友们询问了关于这些规则的问题。朋友们也不知道具体的规则是什么。

但从那一刻起，他们就开始试图剖析这些规则，并在头脑中加以整理。一开始他们只是讨论着玩，但随着时间的推移，他们变得越来越严肃。他们养成了对彼此的重要决策进行相互质疑的习惯："你为什么现在买黄金？""是什么让你在别人都买的时候卖掉这只股票？""你为什么要做这个而不是那个？"他们强迫对方把做出决策的思路清晰地表达出来。

随着时间的推移，这些规则变得越来越简洁，越来越犀利，越来越工整，越来越实用。没有人记得具体是谁创造了"苏黎世公理"这个术语，但这些规则就是以这个名字广为世人所知的。

在过去的几年里，"苏黎世公理"并没有太大的变化。它们已经形成了一套理论。正如大家看到的，它们最后形成了12条"主要公理"和16条"次要公理"。它们的价值在我看来是无法估量的。我每研究一次，都会对它们有更深刻的感悟。它们有着丰富的延伸含义，有些是严格的实用主义，有些则近乎神秘主义。它们不仅仅是一种"思辨哲学"，它们还是引领人们走向成功生活的路标。它们让很多人变得富有。

公理

1

关于风险

忧虑不是疾病，而是健康的标志。
如果你没有感到忧虑，说明你没承担足够的风险。

许多年前，两个年轻的女孩从大学毕业，决定一起去打拼。她们去了华尔街，连续换了好几份工作。最终两人都成了一家规模较大的证券公司赫顿公司（E. F. Hutton）的雇员。在这里，她们认识了吉拉尔德·勒伯（Gerald M. Loeb）。

1975年去世的勒伯是华尔街最受尊敬的投资顾问之一。这个秃顶、和蔼可亲的人经历过20世纪30年代地狱般的熊市和二战后令人震惊的牛市。他自始至终都很冷静。他生而贫穷，死时富有。他的《投资生存之战》（*The Battle for Investment Survival*）可能是有史以来最受欢迎的市场策略手册。这本书无疑是最具可读性的书之一，因为勒伯天生就是讲故事的能手。

一天晚上，他在美国证券交易所附近的一家餐馆里同我和弗兰克·亨利共进晚餐时，讲了一个关于风险的故事。

两位年轻女孩都有点腼腆地向勒伯寻求投资建议。她们是在不同的时间来找他的，但他知道俩人关系很好，私下肯定已经互相交流了想法。一开始，她们的财务状况是一样的：一片光明的职业生涯就此展开，工资和职位也在稳步提升。除了日常基本花销外，她们还能从她们的税后工资里攒出一笔小钱。这笔钱虽然不多，但未来她们还会有更多可支配的资金。她们向吉拉尔德·勒伯求助，想知道该如何处理这些钱。

平易近人的勒伯在他最喜欢的小吃店里一边吃着面包、喝着茶，一边试图为她们解决问题。但很快他就发现，其实两位年轻女孩早已有了自己的打算，她们只是想从他那里得到确认。

在讲述这个故事时，勒伯给这两个女孩起了昵称，他称其中一个女孩为"清醒的西尔维娅"，称另一个为"疯狂的玛丽"。西尔维娅希望为她的钱找到一个"完美的避风港"。她想把钱存入一个有利息的银行账户或其他类似储蓄的账户，她只希望能得到有保证的收益或者让资金保值。但玛丽想要冒一些风险，她希望她少量的资金能快速地增长。

她们执行了各自的计划。一年后，西尔维娅拥有了完整的本金、额外的利息，以及安全感。而玛丽却碰了壁。她在动荡的股市里遭受了打击。自她把钱投进股市以来，她所持有的股票已下跌了约25%。

西尔维娅并没有幸灾乐祸。相反，她似乎吓坏了。"太可怕了！"当她得知朋友投资失意时，她说，"天啊，你损失了四分之一的钱啊。太可怕了！"

当勒伯和她俩一起吃午饭的时候，勒伯目不转睛地看着玛丽。当他等待玛丽对西尔维娅的同情做出反应时，他有点担心了。他担心过早的失败会让玛丽气馁，以至于放弃投资，就像许多"新手冒险家"那样。（"他们都希望立即成为大赢家，"勒伯会悲伤地说，"如果他们第一年没有赚够3倍的钱，他们就会像被宠坏的孩子一样噘着嘴离开。"）

但玛丽有心理准备。她笑了笑，说："是啊，我确实输了。但看看我还得到了什么。"她从桌子对面倾过身子向她的朋友说。"西尔维娅，"她说，"我正在进行一次冒险。"

大多数人认为安全感是世界上最重要的东西。

现在大多数精神病学家和心理学家都认为重视安全感是一件好事。现代心理学的核心假设是，心理健康首先意味着保持平静。《如何停止忧虑，重启生活》（*How to Stop Worrying and Start Living*）是早期反映这一理念的书，而《放松反应》（*The Relaxation Response*）则是同类主题的近期作品。心理医生向我们保证，忧虑是有害的。他们没有提供值得信赖的证据来证明这一说法的真实性。人人都默认和接受了这个说法。

神秘学说和冥想领域的信徒在这一点上似乎更进一步。他们如此珍视平静，以至于在许多情况下，他们愿意为了宁静而放弃财富。这背后的逻辑是，你拥有的越少，你需要担忧的就越少。

当然，"苏黎世公理"背后的哲学是不同的。也许从某些方面来说，远离忧虑是件好事，但在金钱世界中，任何一个优秀的瑞士冒险家都会告诉你，如果你生活的主要目标是避免忧虑，那么你就得放弃一些变得富有的机会。

生活是一场冒险，而不是一场静养。在这里，"冒险"可以被定义为你面对某种危险并试图克服它的一段征程。当你面对危险时，你自然且正常的反应就是一种忧虑的状态。

忧虑是人生众多乐趣中不可缺少的。我们可以拿爱情举例。如果你不敢做出承诺，不敢承担风险，你就永远不会坠入爱河，你的生活可能会像一汪平静的池水，但谁想要这种平静呢？再比如说，运动。在体育赛事中，运动员和观众可能将自己置于危险的情景之中，并为此忧心忡忡。对大多数观众来说，这是一个小冒险，但对运动员来说却是一个大冒险。这是一种精心制造的冒险活动。如果我们不能从中得到一些基本的满足，我们就不会参加体育赛事或其他竞赛。从某种程度上来说，我们需要"冒险"。

也许我们有时也需要平静。但是我们在晚上睡觉的时候就会有足够的"平静时间"。24小时里有8到10个小时的"平静时间"对我们来说应该足够了。

西格蒙德·弗洛伊德（Sigmund Freud）就阐述过冒险的必要性。尽管他对生活的"目的"感到困惑，并且当他偏离话题时，往往会陷入语无伦次的状态，但他并不认为生活的目的是为了获得平静。但他的许多追随者却都这样认为。事实上，他特意拿瑜伽调侃，他认为它是心理健康学说中的"平静派"。瑜伽派认为生活的目标是以牺牲一切为代价来获得内心的平静。正如弗洛伊德在《文明及其不满》（*Civilization and its Discontents*）中所指出的，任何完全达到这一目标的人"已经牺牲了自己的生命"。那他们这样做是为了什么呢?"他们只为了寻求片刻平静的快乐。"

这似乎是笔不划算的交易。

冒险,有时能让生命变得更精彩,而冒险的方式就是让自己置身于风险之中。

吉拉尔德·勒伯深知这一点。这就是为什么他不是很赞同清醒的西尔维娅把钱存入银行账户的决定。

年初,你给银行家100美元。到年底,他还给你109美元。确实是赚了,可这笔交易未免有些乏味。

的确,至少在西方工业化国家的任何一家信誉良好的银行,你的100美元本金的安全大概率是有保障的。除非发生重大的经济危机,否则你不会有任何损失。银行可能会在这一年中降低利率,但至少他们会归还你的本金。但在我看来,这样做很缺乏乐趣。

这9美元的利息也是要纳税的。或许税后剩下的钱,只够抵消通胀。这样一来,你的财务状况并不会发生明显改善。

如果你只有一份工资收入,那么基本生活应该没问题。但这个世界有着太多的不确定性了。

然而,绝大多数人确实主要依靠一份工资生活,以储蓄作为后备。美国的中产阶级被他们受的教育和社会取向推向这一方向,这曾让弗兰克·亨利感到恼火。"孩子是逃不掉的,"他会抱怨,"老师、父母、辅导员和所有人,都在不断地向孩子灌输'好好写作业和考试,否则你就找不到好的工作'。"找到一份好工作,似乎成了每个孩子的最大抱负。

弗兰克·亨利在我很小的时候就经常与我探讨这个话题。他的经验是,一个人应该把一半的精力用于工作,而另一半用于投资,用于冒险。

冒险当然是具有两面性的。冒险,意味着你不仅可能从中获得收益,也可能会因此遭受损失。如果你用自己的钱冒险，你要做好准备承受损失，你可能会因此变得贫穷，而不是富有。

但是从这个角度来看，作为一个受税收和通胀困扰，肩上扛着生活重担的普通收入者，你的财务状况大概率处于一种忧虑的状态下。如果你在努力变得更富有的同时，付出一点合理的成本，又有什么关系呢？你不太可能变得更穷，因为"苏黎世公理"是你冒险旅途中的一盏明灯。

西尔维娅和玛丽的现状说明了一切。我上次听到关于她们的消息时，她们已经50多岁了。两人都曾结过婚又离过婚，两人都继续按当初与勒伯讨论过的理财方式管理着自己的钱。

西尔维娅把她所有的闲钱都投进了储蓄账户、长期存单、地方政府债券和其他"安全的避风港"。但这些债券并不像承诺的那样安全，因为在20世纪70年代总体利率疯狂且意外地飙升时，它们的资本价值都损失了很大一部分。她的银行账户和存单保住了本金，但同样出乎意料的是，20世纪70年代两位数的通货膨胀率严重侵蚀了她的钱的消费能力。

她最好的一次投资是在结婚时买了一套房子。在产权登记册上，她和她的丈夫是这所房子的共同所有人。离婚时，他们同意卖掉房子，平分财产。在他们拥有这所房子的这些年里，房价上涨得很快，所以他们靠卖掉房子赚了不少。

离婚后，西尔维娅回到一家券商工作，她必须继续工作到60岁才有资格领取养老金。养老金虽然不多，但她不能放弃这笔钱。她把这份工作的薪水作为生活的主要支柱。她不会挨饿，但也无法不假思索地为自己购买一双新鞋。现在，她和她的宠物猫住在一套冬天里不太暖和的一居室公寓里。

而玛丽呢？她总是担心资金的安全，就像任何一个理智的人一样，但她没有让这种忧虑影响到她的理财哲学。她在经历了一段痛苦的损失后，开始从风险中获得回报。她在20世纪60年代繁荣的股市中赚得盆满钵满，但她最辉煌的战绩还是在黄金投资领域。

1971年，时任美国总统尼克松（Richard M. Nixon）宣布美元与黄金脱钩。之后，美国公民可以持有黄金并将其作为一种投资工具。在此之前，黄金价格一直固定在每盎司35美元。在总统下令脱钩后，黄金价格飙升。但是玛丽动作很快。她不顾许多保守顾问的建议，以40至50美元不等的价格买入黄金。不到10年的时间，黄金涨到了每盎司875美元。她以大约600美元的价格出售了大部分黄金。

玛丽有一所房子，一栋度假别墅，还有加勒比海某岛屿上的一块地。她把大部分时间用在旅行上，当然，她坐的都是头等舱。玛丽很久以前就辞职了。正如她向吉拉尔德·勒伯解释的那样，工资并不是她财务构成的主要部分。她每年得到的股票分红已经远远超过了她的工资。

的确，这些年来，玛丽的财务问题给她带来了很多忧虑，可能比西尔维娅所知道的还要多。也许这一点还可以让西尔维娅在她贫穷的晚年略感一丝安慰，因为她从来不必在睡觉前忧心忡忡。西尔维娅总是试图对自己下一年或10年后的财务状况进行计算，尽管她的计算并不总是准确的，尤其是在她持有的债券价格下跌的那几年。不过至少她可以得到一个近似值，只要她心里有数，她就觉得很安稳。

相比之下，玛丽在获得财富的那些年里，除了胡乱猜测自己的未来之外，什么也做不了。她有时睡眠质量很差，或者根本就睡不着，这让她一度很担心自己的身体。

华尔街许多著名的投资者都曾公开表示，持续的忧虑状态几乎是他们生活方式的一部分。他们中很少有人会对此抱怨，相反，他们总是对此感到高兴。他们**喜欢**忧虑。

杰西·利弗莫尔（Jesse Livermore）是最受推崇的金钱世界冒险家之一，他在20世纪初的华尔街非常活跃。利弗莫尔是个高大英俊的男人，有着一头令人吃惊的浅金色头发，无论走到哪里，他都会吸引一大批人。人们总是向他咨询投资建议，报纸和杂志的记者也不断地向他打听，想从他口中打听出一些可借鉴的获利智慧。一天，一位年轻记者走到他面前问他：一个人要成为百万富翁，就要经历种种斗争和拼搏，在他看来这样值得吗？利弗莫尔回答说，他非常喜欢钱，所以这对他来说是很值得的。记者继续追问：但股票交易员不是也有睡不着的时候吗？当你一直处在忧虑的状态中时，生活还有意义吗？

"好吧，孩子，现在我来告诉你。"利弗莫尔说，"每个职业都有它的忧虑和痛苦。如果你养蜜蜂，你会被蜇。我一直都不害怕忧虑，不然我就会继续贫穷下去。如果让我在忧虑和贫穷之间选择，我永远都会选择忧虑。"

利弗莫尔在股市中曾损失过4笔巨额财富，他不仅接受了忧虑的状态，而且似乎乐在其中。一天晚上，他和弗兰克·亨利在酒吧里喝了几杯酒，突然想起来他应该去参加一个晚宴。他给女主人打了个电话，惭愧地道了歉，然后又要了一杯酒，并向弗兰克·亨利解释说，每当他在市场上冒险时，他往往会分心和健忘。弗兰克·亨利说，如他所能观察到的，利弗莫尔总是处于这样一种正在冒险的状态中。利弗莫尔欣然赞同：如果他没在冒险，就是在思考下一步该如何冒险。

他承认，他一直在为自己的冒险而忧虑，甚至是在他睡觉的时候。但后来他又说他无所谓。"这是我自己选的路。"他说，"我享受我当下的忧虑。如果我知道明天我将会多么富有，我想我享受生活的程度还不及现在的一半。"

弗兰克·亨利对这句话印象深刻，以至于几十年后还在引用它，并把它作为"苏黎世公理"的第一条。不幸的是，杰西·利弗莫尔没有其他的公理来帮助他，他的人生结局并不圆满。我们稍后再谈他。

∴ ∴ ∴

所有这些关于冒险和忧虑的谈论，可能听起来会让人觉得冒险家都生活在悬崖边缘。事实并非如此。的确，有时你会有那种不寒而栗的感觉，但这种情况很少出现，通常也不会持续很久。大多数时候，你的忧虑只会让生活变得有趣。我们所承担的风险其实并没有想象中那么大。

实际上，所有以收益为导向的金融操作都涉及风险，无论你是否称自己为金钱世界的冒险家。把钱投入有利息的银行账户、政府债券或其他类似储蓄的账户，是你唯一在理论上没有风险的选择。但其实即使这样做也是有风险的。银行有可能会倒闭。如果一家银行倒闭了，你的钱被困在里面，美国联邦存款保险公司（FDIC）会偿还给你，但要经过一段漫长的程序，而且不会偿还你利息。如果几十家银行在全国性的经济灾难中同时破产，那么连联邦存款保险公司都将无法履行其义务。联邦存款保险公司也会倒闭。没有人知道在这种情况下储户的钱会怎么样。幸运的是，这样的噩梦发生的可能性很小。在这个充满风险的世界里，把钱投进银行账户相对来说是最低风险的投资了。

然而，正是因为风险低，它的回报也低。

∴ ∵ ∴

为了获得更好的回报，贪婪的人会把他们的钱投入到风险更高的项目中。但奇怪的是，大多数这样做的人并不承认自己在冒险。他们假装自己非常谨慎和明智。他们会强调自己不是在投机，而是在"投资"。

在这里，"投资"和"投机"之间所谓的区别值得探究，因为这可能会在你努力掌握"苏黎世公理"中的公理1的过程中一直阻碍你。

事实上，两者并没有什么区别。正如直率的吉拉尔德·勒伯所说："所有'投资'都是'投机'。唯一的区别是有些人承认，有些人不承认。"

这就像午餐和便餐的区别。不管怎样，你得到的都是一样的火腿三明治。唯一的区别在于某些商家想给顾客留下其他特别的印象而已。

　　向你提供资金管理建议的人几乎总是自称为"投资"顾问，这样听起来更严肃、更令人印象深刻（而且费用也更高）。相关通讯和杂志几乎总是自称为"投资"出版物。但它们都和"苏黎世公理"一样，在面对有风险的获利行为。

　　还有一类财务专家喜欢教人购买的所谓的"投资级"证券。这让它们听起来非常有威严，令人敬畏，而且超级安全。如果一名投资顾问用适当庄重的语气谈论这种证券，便可以让新手相信，这是一种他们渴望已久的无风险高收益投资。

　　比如IBM的股票。IBM是蓝筹股中最热门的一只。它在华尔街的绰号是"蓝色巨人"。买IBM这样的"投资级"股票总是安全的，对吧？

　　可如果你在1973年IBM股价处于巅峰时买入——那时候世界上几乎所有的投资顾问都在兜售它，你得等上9年才能回本。

　　没有无风险的获利方式，不管它听起来多么庄重。再举一个通用汽车公司（General Motors）的例子。这只股票通常会出现在券商的优秀投资级证券名单上。早在1971年，通用汽车就出现在所有的投资榜单上，当时所有人都认为通用汽车将拥有整个世界。

　　他们都说，买入这只股票是在"投资"。

　　但这只出色的投资级股票出了问题。如果你在1971年的巅峰时期买了它，那你可能现在还在等着回本。

　　将这样的操作称为投资并不能改变事实。你可能会认为，人们应该在1929年的金融危机中了解到这一点，当时整个华尔街突然就像一个巨大的轮盘，以惊人的速度吞噬了"赌徒"们的钱。1929年大型投资级股票的故事会让你流泪。纽约中央铁路公司（New York Central Railroad）：1929年股价为257美元，3年后跌到9美元。无线电公司（Radio Corporation），美国无线电公司（RCA）的前身：股价从574美元跌到了12美元。还有更年轻的通用汽车：股价从1075美元跌到了40美元。

正如勒伯所说，"所有的'投资'都是'投机'"——你投入你的钱，以抓住你想要的机会。不管你是押通用汽车还是其他公司，你都是在冒险。你还是承认吧。企图欺骗自己是没有意义的。当你睁大眼睛充分了解这个世界时，你才能看得更清楚更明白。

毋庸置疑，"苏黎世公理"是关于有风险的获利行为的，但这并不意味着它们会敦促你去进行愚蠢的冒险，这只意味着它们会把话说得很坦率。

次要公理1

始终要下有意义的"赌注"。

老话说："只赌你输得起的。"在拉斯维加斯，在华尔街，在人们肯冒着风险赚更多钱的任何地方，你都能听到这种说法。你可以从西尔维娅·波特（Sylvia Porter）等传统投资顾问的投资和理财建议书籍中读到这一点。这句话在多处被重复得如此频繁，以至于它都被赋予了一种类似"真理"的光环，就像心理医生让你保持平静的陈词滥调一样。

但是，在把这句话作为你的冒险信条之前，你应该先非常仔细地对它进行研究。

你要问问自己，你"承受得起的损失"的金额是多少？大多数人会将这个金额定义为"一笔即使我失去它，也不会让我陷入困境的钱"，或是"一笔钱，即使我失去它，也不会对我的总体财务状况产生任何显著影响"。

换句话说，这笔钱可能是1美元或2美元，20美元或者几百美元。这些都是大多数美国中产阶级认为可以承受的损失。

但请考虑一下，你投入100美元，然后你的钱翻倍，但你的财务状况并不会因此得到明显改善。

打败这一系统的唯一方法便是始终坚持下有意义的"赌注"。这并不是说你应该无视可能让你破产的风险，毕竟你得付房租和养活孩子。但这确实意味着你得克服对损失的恐惧。如果数额很小，损失不会产生显著的影响，那么它也不太可能给你带来显著的收益。用一笔小钱赢得一大笔回报的唯一方法就是去碰运气。例如，你买了一张1美元的彩票，幸运地赢了100万美元。这是一个美好的梦想，但这种天上掉馅饼的机会，一般都不会让你遇到。

在一场冒险中，你必须一开始就要有承担损失的准备。只要有投入，你就避免不了对损失的忧虑。

也许你会选择从小金额开始，然后随着经验的累积和信心的提升，逐步增加下注金额。每个冒险家都能找到自己所能承受的风险水平。有些人，比如杰西·利弗莫尔，他选择大胆地押注，并以惊人的速度沦落到破产。正如我们知道的，利弗莫尔经历了4次重大损失。他的风险水平如此之高，以至于吓到了不少冒险家，甚至是经验丰富的冒险家。弗兰克·亨利过去常常研究利弗莫尔在股市的冒险行为，回家后他会惊愕地摇着头说："这人简直疯了！"弗兰克·亨利自己所能承担的风险水平较低。他曾经估计，如果他在一场大灾难中把投的钱全部亏掉，那么一切尘埃落定时，他的资产大概是以前的一半。

他会损失50%。但同时，他也会保留50%。这是他选择的承受风险和损失的程度。另一个相信"下有意义的'赌注'"的人是石油大亨保罗·盖蒂（J. Paul Getty）。他的故事对冒险家们来说很有教育意义。大多数人似乎认为他从他父亲那里继承了巨额财富，或者至少继承了一些能让他发家致富的起步资金。但事实完全相反，保罗·盖蒂是完全靠自己的努力积累了这么多财富的。一开始他只是一个像你我一样的美国普通中产阶级冒险家。

人们认为他从一开始就赢在了起跑线上，这种看法使他无法忍受。"他们是怎么得出这样的结论的？"有一次，他恼怒地对我说道。我是在《花花公子》（Playboy）杂志社认识他的。他是该杂志母公司的股东，担任了几年的商业和财经编辑，为杂志写了34篇文章。

他最后得出的结论是，正是他拥有的财富如此巨大，才让几乎所有人都做出了错误的判断。显然，人们很难相信一个中产阶级所能投入的本金，可以为他赚到10亿美元。

但这正是盖蒂所做到的。与你我相比，他的唯一优势就是，他在20世纪初就开始在金钱世界里冒险了，那时一切都很便宜，也没有所得税。除了几笔数额不大的贷款，他没有从他冷漠又令人生畏的父亲那里得到任何钱，这些贷款他也都按期偿还了。他从父亲那里得到的最有价值的东西不是钱，而是理念。

盖蒂的父亲乔治是明尼阿波利斯的一名律师，也是一位自学成才的投机商。他在20世纪初的俄克拉荷马州石油繁荣中发家致富，他总结出的获利法则听起来有点像"苏黎世公理"的某些内容。他是一个有着严格而坚定的职业道德信仰的人。盖蒂在《花花公子》杂志上写道："对于'富二代'们理应在被溺爱的环境里长大并接受家族财富的观念，乔治表示坚决反对。"因此，年轻的盖蒂开始独自寻找自己的财富。

他原本想成为一名外交官或一名作家，但他的血液中流淌着和他父亲一样的对冒险的热爱。他被俄克拉荷马州和石油所吸引。他做过油井工人和钻具修理工，积累了几百美元。随着他的小钱越来越多，他冒险的欲望也越来越强烈。

这时他才表现出他对次要公理1的理解。这是他从父亲那里学来的：**始终要下有意义的"赌注"。**

他本可以花50美元甚至更少的钱买到一块油田，因为当时这样的机会很多。油田里到处都是"投机集团"，他们需要钱来继续钻井。他们会把少量股票卖给略微有点资产的人。但盖蒂知道，他永远不可能靠小额股票发家致富。所以，他追求更大的目标。在斯通布拉夫村附近，一个商人在出让一份油田租约的一半股份，盖蒂嗅到了机会。他决定试一把。他出价500美元，这几乎是他全部的钱。没有人比他出价更高了。保罗·盖蒂正式进入了石油行业。

在1916年1月，租约上的第一口测试井成功开采出了原油，每天可开采出

700多桶原油。没过多久，盖蒂以1.2万美元的价格出售了他的股份，他传奇般的财富就是这样建立起来的。

"当然，我是幸运的。"多年后，当他回忆起很久以前那次开创性的冒险时，他说，"我可能会失败，但即使我失败了，也不会改变自己的信念，那就是我抓住这个机会是正确的。通过冒险——我承认，这是一个很大的冒险——我给了自己通向成功的可能性。正如你们后来看到的，这样的可能性带来了**希望**。如果我拒绝冒险，我就永远不会拥有希望。"

他补充说，即使他失败了，他的"世界末日"也不会到来。他只需要凑更多的钱再试一次。"我觉得我赢的机会远大于输的机会。"他回忆道，"如果我成功了，那将是很美妙的一件事；但如果我失败了，我会感受到痛楚，但不会是那种能打倒我的痛楚。正确的行动方向一直存在，就看你怎么做选择了。"

次要公理2

抵抗分散投资的诱惑。

在整个投资界，人们将分散投资称为"投资多样化"或"投资多样性"。这些说法可以说明它的应用有多夸张。

这种表达经历了多年的传播和应用，现在再去改变已经太晚了，所以我将继续以大众普遍接受的方式称呼它。让我们来看看"分散投资"这个沉重而缺乏优雅的词是什么意思，以及它对你致富之路的影响。

在投资界，它意味着把你的钱分散开来，放置在不同的项目中；要把资金投在很多小的项目中，而不是几个大的项目上。

人们这样做是为了安全。如果你的这6笔投资都失败了，你还有可能在另外6笔投资上获得收益。如果甲电子公司破产，你的股票跌到3美分，也许你对乙电脑公司的投资还可能会有不错的结果。如果一切都失败了，至少你的债券还有可能升值，让你不至于破产。

这就是分散投资的基本原理。在众多传统的投资建议中，拥有一个"多元化的投资组合"是所有财务目标中最受尊敬的一个。只有一件事能超越它：拥有"多元化的投资级证券投资组合"。如果你能做到这一点，你就能掌控整个世界！但事实是，分散投资在降低风险的同时，也同样降低了你致富的可能性。

我们这些美国中产阶级中的大多数人，在开始冒险时只有有限的资金可以使用。假设你有5000美元，你想让它增长，你打算怎么处理它？传统观点认为应该多元化：将这5000美元分成10份，每份500美元，投到不同的地方。你可以以500美元的价格买入通用汽车公司的股票，因为汽车市场看起来有前景；你也可以把500美元存入储蓄账户，因为利率可能会上升；你还可以用500美元买点黄金用以避险，等等。你已经为各种可能的情况做足了准备。分散投资听起来让你很有安全感，不是吗？这样做几乎没有任何危险，相应地，收益也不会丰厚。

分散投资有三大缺陷：

（1）分散投资会迫使你违反次要公理1的劝诫，即始终要下有意义的"赌注"。

如果你的整个初始资金数额很小，分散投资只会让事情变得更糟。投资越分散，你真正的获利机会就越少。分散到极致，只能导致你的收益少得可怜。

正如我们在次要公理1中所提到的，用少量资金获得的收益并不会对你的财务现状有明显改善。假设你投甲电脑公司500美元之后，股价翻了一番，可你赚到了什么？仅仅是500美元而已。

（2）分散投资可能会造成收益和损失互相抵消的情况。这会让你在原地踏步。

你买了两只投资级别略低的股票，比如：甲电脑公司和乙电子公司。你认为，如果这两家公司都处于上升时期，它们的股价就会上涨。好吧，就算你的预感是对的。这两家公司发展得都很不错，你从每笔500美元的投资中获利200美元。

但在你买入甲电脑公司和乙电子公司的股票时，你的投资顾问郑重警告你，要通过分散投资来对冲风险。他说，在经济不景气的时候，你应该投资一些固定利息的债券和黄金。

所以你又买了价值500美元的黄金和500美元的固定利息的债券。由于企业和消费贷款需求，利率正在飙升，所以你的固定利息债券价值在下跌，并且已经跌了100美元。至于黄金，所有拥有它的人都在疯狂地出售以筹集现金。他们都想赶上这一轮华尔街牛市，或者把钱存入那些利率令人瞠目的诱人新银行账户中。所以黄金也跌了，就像水从生锈的桶中流出一样。你又损失了300美元。

你在甲电脑公司和乙电子公司上赚了400美元，但在固定利息债券和黄金上损失了400美元。你的整个投资行为纯属浪费你的时间和精力，因为你的收益和损失互相抵消了。

（3）分散投资会让你像一个杂耍艺人，试图同时把太多的球抛在空中。

如果你的投资没那么分散，就算有一两个项目失败了，你也可以采取防御措施。公理3和其他公理将解决这个问题。但如果你抛出很多球，其中一半都在往错误的方向飞，想要摆脱困境就难多了。

你的投资项目越多，就需要更多的时间来研究它们。你会变得摸不着头脑。当事情出错时，当一个又一个问题出现时，你几乎会变得很恐慌，但这都是不可避免的。每个人几乎都会遇到这样的困境。在这种困境中，尤其是新手，会变得不知所措，导致最后没能采取任何行动来改善结果，因为他们要被迫同时做出太多棘手的决定。他们只能站在原地，目瞪口呆，看着自己的财富不断减少。

当你考虑到分散投资的这3个主要缺陷，并将它们与分散投资唯一的优势

"安全性"进行权衡时，你就会开始觉得这种做法不可行了。

少量的分散可能不会有太大的麻烦。如果你同时被很多项目吸引的话，你可以从中选择3个或4个，甚至6个。我个人的经验是，在任何时候，同时投资的项目不要超过4个，大多数情况下我会把数量控制在3个以内或更少——有时只有1个。再多我就不太舒服了。这在很大程度上是个人偏好和个人思维习惯的问题。如果你觉得你能有效地处理更多，那就去做吧。

但千万不要仅仅为了分散而分散。否则，你就会像一个在超市里参加购物比赛的选手，迅速且盲目地用货品填满购物篮。等到你回到家后，你就会发现你买了一大堆你并不真正想要的昂贵垃圾。你应该把钱投到真正吸引你的投资项目上，而且只投这些项目。永远不要仅仅因为你认为某个项目可以充实你的"多元化投资组合"而投它。

就像华尔街有人说的那样，"把所有的鸡蛋放在一个篮子里，然后小心地看好这个篮子"。这是一句经得起推敲的老话。最先说这话的人显然不喜欢分散投资。看一个或几个篮子比看一打篮子要容易得多。当狐狸来偷你篮子里的蛋时，你不用急得团团转就能对付它。

公理 1 ｜ 关于风险

投资策略

现在让我们快速回顾公理1。

公理1告诉我们要学会将钱置于合理的风险中。你通常要处理的风险程度其实没有想象中那么高。如果你愿意面对它，其实就是给了自己一次致富的大好机会。

你为这个大好机会所付出的代价就是忧虑。但公理1强调，这种忧虑并不是现代心理学所认为的那种疾病。它就像生活的酸辣调味汁，一旦你接受并习惯了它带来的刺激，你就会喜欢上它。

公理

2

关于贪婪

尽早获利了结。

华尔街的生手如此，扑克游戏的业余爱好者也是如此，每一个领域的业余玩家皆如此。他们在场上盘桓的时间太久，最终让自己满盘皆输。

他们之所以会输就是因为贪婪。这也是公理2要告诉我们的：如果你可以克服贪婪，也就是拥有足够的自控力，那么你将比其他99%的人更容易成为一名出色的金钱世界冒险家。

但这显然不是一件容易的事，因为贪婪是人的本性。我们大多数人都很贪婪。相比我们其他不太值得称道的品质，贪婪可能是最经常被用来当星期日布道主题的。这样的布道往往带着一种绝望的声音，有时还伴有叹息声。其中的绝望源于这样一种看法：贪婪扎根在我们的灵魂深处，就像难以改变自己眼睛的颜色一样，我们难以轻易摆脱贪婪。

很显然，布道不会完全驱除人类本性中的贪婪，甚至对它产生不了任何作用。你不可能通过聆听他人布道或自我教诲来战胜贪婪。一个实操有效的方法是思考公理2中蕴含的致富准则，即一个奇特的悖论：减少贪婪，你会拥有更多致富机会。

我们先来解释一下"贪婪"这个词。在公理2中，贪婪指的是过度占有：想要更多，越多越好；它意味着你想要的比你应得的更多，或者比你有权期待的更多；同时也意味着欲望的失控。

贪婪，近似于一种膨胀到自我毁灭的占有欲。而占有欲在此处可指一个人希望提升物质条件的自然愿望。"苏黎世公理"由一群拥有健康占有欲的人整理汇总而成，想必你也拥有这种特质，不然你也不会研究这些**公理**。地球上的每一种动物都有觅食、筑巢和自我保护的本能。而我们与其他生物的不同之处在于，我们的需求更复杂。不要为自己的占有欲而感到羞耻，这是人类生存本能的一部分。

但占有欲一旦变得疯狂、失控，就会成为贪婪。我们要远离并且阻止贪婪，它是金钱世界冒险家的天敌。

夏洛克·费尔德曼（Sherlock Feldman）对贪婪进行了长达近乎一生的研究，他是拉斯维加斯最大的赌场之一沙丘赌场（Dunes）的经理。费尔德曼身材魁梧，戴着一副粗框眼镜，一副忧郁而幽默的样子。他经常在每天凌晨2点到上午10点的固定值班时间里观察赌场的顾客。他所观察到的常常让他感慨颇深。

"如果他们想要的少一些，那么他们带回家的就能多一些。"这是他自己总结出的"贪婪定律"。

他很了解贪婪。他在年轻时曾发了几笔小财，后来又赔了几笔，最后他学会了控制自己，离世时他已经非常富有。谈到他在沙丘赌场的老顾客时，他会说："他们在这里做的事，对他们中的大多数人来说都不那么重要。他们只是玩玩，损失了几百美元也不会在意。但如果他们意识到在这里下注的方式就是他们对待人生的方式，也许他们就会在意了。你可以看出他们中很多人为什么不富有。看看他们在这里的样子，你就知道为什么他们永远不会成功。"

他说，曾有一位女士带着一小叠钞票来赌场，做好了输个痛快的准备。"她走到一个轮盘前，在一个数字上押了10美元。那个数字我忘了，好像是她的幸运号码，或者是她的生日或其他什么。这个数字让她赢了350美元。她又押了100美元在另一个数字上，这次她赢了3500美元。她所有的朋友都围了过来，叫她继续下注，说这是她的幸运之夜。我从她看向朋友们的眼神可以看出，她开始变得贪婪了。"

费尔德曼把故事讲到这里时停顿了一下，用手帕擦了擦额头。"好吧，她继续下注。她的筹码足够多，所以她开始在颜色上下注——每次投入几百美元，并且一直赢，连赢了六七次。这个女人真是神采奕奕啊！最后她赢了9800美元。你觉得这对她来说应该足够了，对吧？换做是我，肯定早就停手了。2000美元就足以让我开心了。但这个女人连9800美元都不满意。她已经贪婪得晕头转向了。她一直说她只要再赢200美元就能凑满1万美元了。"

然而，在她向1万美元这个目标冲刺的时候，她开始输了。她的筹码变少了。为了挽回损失，她以更大的赔率投入了更多的钱。最后她全输光了，包括最初的10美元。

这个故事告诉了我们一个道理：不要在好运面前得寸进尺，或者如瑞士人常说的那样，"不要过度使用你的好运"。人们会在日常用到这句话，但大多数人并不知道这句话有着严肃的含义。这句话值得人们细心品味。

在冒险的过程中，你可能会时不时遇到好运，甚至是连续的好运。你会享受它，以至于想永远都能依靠它。当然，你的理智会告诉你好运不会永远持续下去，但如果你被贪婪控制了，你就会说服自己相信好运至少会持续很长一段时间……然后再长一点……**稍微**再长一点。你过度地依靠运气，最后，你的结局就是输个精光。

当讲到公理5时，我们将更详细地研究令人烦恼的"连胜现象"（这些公理错综复杂地交织在一起，只谈论一个而不提及其他是不可能的）。至于现在，你只需要知道，你无法预判一场连胜会持续多久。它可能会持续很长时间，也可能在下一秒就结束。

那你该怎么办呢？你应该理性地假设：任何为你带来收益的一系列事件都不会持续太久，因此你能得到的利润不会太丰厚。

当然，这一系列幸运的事件的确可能会持续下去，为你带来巨大的收益。但当你开始走运时，你需要在无法看清未来的情况下做出"继续或退出"的决定，理智的决定不至于让你输得很惨。绝大多数人都倾向于尽早退出。长时间的大赢会成为新闻，会在派对上被谈论，但它们之所以会成为新闻并被谈论，正是因为它们非常罕见。相反，短暂的小赢更为常见。

把钱押在短暂小赢上。不要让贪婪抓住你。当你获得了不赖的利润时，要及时套现离场。

∴　∴　∴

偶尔，你会后悔自己退出得太早。"赢钱的游戏"在你退出后依旧继续进行，而你只能沮丧地计算着所有你没有赚到的钱。你会觉得自己的离场决定是错误的。这种令人懊恼的经历几乎会发生在每个冒险家身上，它是无法避免的，它也的确会让你很痛苦。

但你要振作起来。与一两次提前退出的错误决定相比，大多数时候，及时套现离场的决定都是正确的。从长远来看，当你能克服你的贪婪时，你会赚到更多的钱。

公理2说，要尽早获利了结。为什么要"尽早"？这个令人费解的词语究竟是什么意思？它指的是：在一系列运气到达顶峰之前要迅速套现。永远不要试图从一场游戏中榨取出最后一分钱，因为这几乎是不可能的。不必为自己可能因过早离场而后悔，也**不要害怕**后悔。既然你看不见"山顶"，你就必须假设它离你很近而不是很远，并带着你的盈利及时离场。

这就像在一个雾气弥漫的黑夜爬山。能见度为0。你看不清前方的哪一边是山顶，哪一边是通往灾难的悬崖峭壁。你想尽量向高处攀登，在理想情况下，你希望到达顶峰并停在那里。但是你知道"理想情况"在现实生活中不会经常发生，你也不会天真到认为它当下就会发生。因此，唯一明智的做法是，当你到达你认为合适的高度时停止攀登，在陷入危险之前及时离场。

当然，当雾散去，太阳升起时，你可能会发现你离山顶还差一半距离。你本可以爬得更高的。但不要心生懊悔，至少你的方向是正确的，你已经有了实实在在的收益。更重要的是，你的收益落袋为安了。你比那些盲目地攀上山顶，却从另一边摔下去的人要好得多。

20世纪80年代初，很多人在房地产交易中都遇到过这种情况。比如，康涅狄格州的一对夫妇——爱丽丝和哈里的悲伤故事。夫妇俩向我讲述了他们的经历，并表示他们从这段经历中得到了教训，也受到了打击，并开始摸索新的知识。我答应不泄露他们的身份。"爱丽丝"和"哈里"是化名。

爱丽丝和哈里40多岁，两人都极富魅力、聪慧、进取心强，工作收入也算可观。他们的收入、生活方式和一般社会取向使他们属于中产阶级偏上。他们有两个上大学的孩子。

就像20世纪末的许多美国中等收入家庭一样，他们发现，如果只靠工资收入，想过上理想中的生活是一件困难的事。但他们没有能力拿出很多钱用于投资，他们投资的主要对象是银行账户、人寿保险和其他储蓄型的账户。他们唯一一个不错的投资对象就是他们的房子。

20世纪70年代初，他们在康涅狄格富裕的费尔菲尔德县买了一幢房子，这让他们的财务压力达到了极限。但这也是一个经过深思熟虑的决定。经过多年的储蓄，他们仍然感到不富裕，他们开始意识到公理1的意义。

和许多中产阶级一样，他们把自己的家看作是一个双重功能的实体：它不仅是一个居所，而且是获得资本收益（可能是一笔很可观的资本收益）的来源。事实证明，他们是对的。费尔菲尔德县的房地产价格在20世纪70年代大幅上涨（尽管不像加州的马林市或佛罗里达州的戴德市那样涨幅惊人）。到1980年初，哈里和爱丽丝保守估计，他们的房子的市价大约是10年前购买时的2.5到3倍。

是时候卖出了。孩子们都长大了，离开家了，爱丽丝和哈里不再需要大房子了。事实上，两人都厌倦了郊区生活和作为私房屋主的负担。他们想搬到一个更小、更省心的出租公寓住。房产价值的健康上涨让他们更想卖出这套房子了。他们的房子的市价翻了3倍左右，他们可以取得很可观的收益。但由于抵押贷款的杠杆作用（这种作用与购买股票或商品期货保证金完全一样），他们的自有资本价值增加了6倍以上。收益一点也不会差。

但他们被贪念裹挟住了，他们希望得到更多。

爱丽丝回忆说，那会儿她听说马林市有些人的房产市价在10年间涨了10倍。她说："我们想，那不是更好吗？""我们认为，如果这种情况能在马林发生，那么也能在费尔菲尔德发生。如果我们的房子能翻10倍，我们就成百万富翁了！"

哈里回忆说，他害怕会后悔。"我对自己说，好吧，当然，我们能以3倍的价格把这房子卖了，真是太好了。但假设我们把它卖了，几年后，我发现买我房子的人转手又再以3倍的价格卖出，我会很后悔的！"

所以他们并没有卖出，仍要等待房价达到顶峰。结果，他们掉进了峡谷里。

这种情况经常发生，顶峰比他们以为的要近得多。费尔菲尔德的房地产市场——和美国大部分郊区一样——在1981年到1982年期间崩盘，尤其是大房子的市场。在郊区，房子几乎卖不出去。当爱丽丝和哈里把他们的房子挂牌出售时，一切都太晚了。周边的人都冷漠地拒绝了他们。看热闹的人很少，认真买房的人就更少了，就连通常热情高涨的当地房地产经纪人也似乎感到厌烦和沮丧。在房子被挂出去的一年里，爱丽丝和哈里只收到了一个买家的报价，并且出价低得令人震惊，只比他们买房子时付的钱多一点而已。相比之下，如果当时把买房资金存入储蓄账户，他们会赚得更多。

我最后一次见到他们时，他们正在等待市场复苏。他们吸取教训了，不再指望靠他们的房子发大财了。关于房子的出售价格，他们已经明确了一个标准，即：这个价格可以给他们带来利润，但不一定是一大笔钱。他们下定决心，只要买家能接受这个价格，他们就会卖出，不管市场有多活跃，也不管人们对未来的期望有多高。

换句话说，他们决定尽早获利了结了。我希望他们能坚持这个决定。

∴ ∵ ∴

对一些人来说，遵守公理2似乎格外困难。主要的困难可能是对"后悔"的恐惧。这种恐惧是哈里最大的敌人，而且可能永远都是。哈里并不是个例。

这种恐惧在股票市场特别常见，也特别强烈。"永远不要再查看你卖出的股票的价格"，这是华尔街的一句老话。这句话并不能帮助你赚钱，但能让你免受后悔情绪的困扰。华尔街人士称这种折磨为"抛后抑郁"，它被认为是股市冒险家必须面对的所有折磨中最痛苦的一种。

痛苦吗？是的，很痛苦。有一次，我以31美元左右的价格卖出海湾石油（Gulf Oil）的股票，一年后眼睁睁地看着它飙升到近60美元。还有一次，我以70美元零几分的价格抛售了1500股IBM股票，这只股票竟然马上飙升至130美元。还有其他例子……但是够了！够了！别再折磨自己了。我不应该对这些结果感到沮丧，而应该为自己感到庆幸，因为尽早卖出是非常正确的。

但即使是像我这样完全按公理行事的人，后悔的锥心之痛也会在夜晚时分悄然而至。我向你保证，不要低估这种痛苦，因为它确实会造成伤害。我没有药方可以提供，这种疼痛无药可医。每个冒险家都必须忍受这样的痛苦。

华尔街几乎处处都萦绕着对后悔的恐惧，因为股票交易价格会在每个交易日报出。很多投资工具都是这样，但房地产例外。你可能对自己的房子或加勒比海海岛度假别墅的市价长期涨跌有一个大致的概念，但你不可能每天从《华尔街日报》（*The Wall Street Journal*）上得到一个精准的研判。少了这种日常报价，你至少可以在情绪上得到保护。除非市场真有报价，否则你只能猜测价格的变化。如果没人通知你现在的行情，你对自己去年或10年前卖出的房子的市价一无所知，自然就不会感到痛苦了。

但如果你是炒股的，你可以随时拿起报纸，或者打电话给你的经纪人，弄清楚昨天人们愿意为你持有的、曾经持有的或想要持有的任何活跃的股票支付多少钱。在你套现一个月或一年之后，如果你愿意，你可以看看在没有你的情况下，赢钱的游戏是否还在继续，以此折磨自己。

股市里的冒险家总是这样做，总是因此让自己陷入疯狂。这种狂热会将人的判断力降低到一个危险的程度。

一天晚上，我和弗兰克·亨利与他的一位老朋友喝了一杯。这位老朋友是一位南美商人。他自怨自艾、情绪低落，似乎在和我们见面之前已经喝了一个下午的闷酒。他给我们讲述了一个支离破碎的故事。当我终于把"碎片"拼凑在一起时，发现自己听到的是一场金融悲剧。

弗兰克·亨利一直认为，这位可爱的老朋友太情绪化了，不适合参与华尔街的游戏。我不了解他的性格，但我知道他总是被美国人和瑞士人掏空口袋。他们喜欢引诱他玩"高赌注的游戏"。在听完他的悲惨故事后，我认为弗兰克·亨利可能是对的。这个人在股票市场遇到问题的原因可能和他在牌桌上遇到问题的原因是一样的。而这个原因就是，尽管他理智上知道在各种情况下该做什么，但总是不能下定决心去做。

那晚谈到的困扰他的问题，是他在很早之前就遇到的。他购买了大量沃梅特科公司（Wometco Enterprises）的股票，这是一家影视公司。股价一开始涨势喜人，然后出现了起伏。他已经获得了不错的收益，而且他认为好行情不会继续持续了，于是，他明智地卖出了股票。但出乎意料地，这只股票的价格马上又翻了两番。

这使他陷入狂怒和悔恨之中，以至于他后来不敢卖出**任何**一只股票。他被一种恐惧紧紧抓住，害怕历史会无情地重演——只要他卖出一只股票，嗖，它就会上涨。他害怕自己又会陷入令人发狂的后悔情绪。

他知道，有些交易他应该操作了，但他无法执行。现实继续折磨着他。从沃梅特科套现后，他把大部分钱投到了另一家影视公司——华纳传播公司（Warner Communications）。他对娱乐行业有着深刻的了解，如果他能有更好的自控力，可能会做得很好。华纳股票的上涨，再次给他带来了丰厚的利润。后来沃梅特科和华纳的合并几乎使他的钱翻了一番。

有人可能会想，可以了，是时候离场了。正如"苏黎世公理"所言，要**尽早**获利了结。

但他没有行动，一直持有股票。毫无征兆地，华纳旗下的雅达利电子游戏部门（Atari video-games）陷入了泥潭。华纳的股票在一次令人头晕目眩的持续暴跌中让他损失了约三分之二的钱。

次要公理3

提前设定止盈点。

一旦你的收益达到止盈点，就马上退出。

次要公理3旨在帮助你回答这个总是很困难且常常令人崩溃的问题——怎样才算"**够**"？

正如我们所看到的，这个问题之所以如此难回答，就是因为贪婪。无论一个人已经拥有了多少，他都想要更多。这就是人类进化的方式。

但是，还有一个因素在很大程度上给许多人，也许是几乎所有人造成了困惑。这是一个奇特的事实：随着你不断成功，随着你财富的增长，每一个终点都像是一个新的起点。

比方说，你一开始有1000美元。你将它作为保证金用于白银投资。一年后，你的预感是正确的，你获得了2000美元，你的钱翻了一番。这很好。如果每年都能如此，你很快就会成为百万富翁。但令人困惑的事实是，这笔收益带给你的感受，可能并不像之前你想象的那么兴奋。相反，这些钱很快会让你觉得它们本就是你的。尤其是，当钱是慢慢累积，而非突然涨到这个金额的时候，你会认为自己获得它们是理所应当的。你不会说，"哇，我的钱翻倍了！""嘿，看这个，我得到了我以前从来没得到过的1000美元！"你会觉得你一直都有这么多钱。

你收获的2000美元在你眼里不是终点，你会觉得它是一个新的起点。正因为如此，你将很难从风险中全身而退。

如果你还不是一个成熟的冒险家，你可能会对上述这一点感到困惑。你会觉得这个奇怪的小问题不会发生在自己身上。这样想是可以理解的，但是你太乐观了。这个问题几乎折磨着每个想在冒险中获利的人。你绕开它的可能性微乎其微，你必须学习应对它的对策。

∴ ∵ ∴

在人类的许多种活动中，起点和终点都是可以清楚地被看到、感觉到和理解的。例如，体育运动。当一个中长跑运动员跑完一英里的赛程时，能够**知道**自己到达终点了。为了赢得两枚而不是一枚金牌而再跑一英里无疑是不可能的。所有的能量都耗尽了，第一个撞线的运动员拿到了冠军，一切都结束了。运动员们可以退场并休息一下，为下一场比赛积聚新的能量。

但在金钱世界中，几乎不存在这样明显的终点。扑克牌局总会散场，赛马场会在营业时间结束后关门；有时候，当你投资的一家公司被更大的公司吞并而不复存在时，你的股票投资可能也会就此结束。但大多数情况下，你要自己决定何时退场。

抓住好时机果断退场是非常非常难做到的，大多数人都无法掌握窍门（事实上，大多数人甚至没有意识到这么做的必要性）。但这是你必须掌握的技巧，因为这是一个优秀的冒险家的必备素养。

退场是你退出、松一口气、短暂放松的时刻。就像比赛结束时的赛跑运动员，你扑通一声倒在跑道边的草地上。你会想："好了，结束了。我已经完成了我的计划。我赢得了奖牌。我要在这儿坐一会儿，好好享受一下。"当然，也可能是："好吧，好吧，我输了，但一切都结束了。我要休息，想想之后的计划。明天再接着比赛。"不管怎样，你都到达了终点。

但是，在一个没有终点线、没有结束钟声的世界里，当任何成功都看起来像新的起点时，你要如何知道自己应该在何时退场呢？

比如说，你买了一些联合碳化物公司（Union Carbide Corporation）的股票，或者你投资了黄金，或者买了一幢新房子。这些投资在你可以预见的未来是不会"结束"的。这种"比赛"是开放式的，没有限制的。没有裁判员会告诉你应该在某时间点或某处停止和结束比赛。一切全凭你自己决定，**你说比赛结束，比赛就结束了。**

次要公理3就是要告诉你如何在恰当的时机离场。在开始比赛之前，你就要决定你的终点。

这会让套现离场变得容易吗？不，当然不会。但这确实会比永不结束的比赛更容易让人接受。

让我们回到之前讨论过的例子。你有1000美元，你被投资白银的机会所吸引，你要认真对自己说："我这样做是为了……（不管目的是什么）。不要设定浮夸的目标，要适度。只要本金能在两年内涨到2000美元，或者在一年内涨到1500美元，我就卖出。我会牢记这个止盈目标，一旦达到了这个目标，我就马上获利了结。"

现在看看这样的心理是如何帮助你的。开始时你的资金是1000美元，你期待着有一天涨到2000美元。你不会把那2000美元视为理所当然，因为你现在还没有得到，而且你肯定知道，你很有可能永远也得不到它。在最开始的时候，你期待得到这2000美元像是在争取一件奖品。而这件奖品不会被视为一个新的起点，它只能是一个终点。

让这种想法在你心中保持活跃。你要培养这种思维。如果你的收益真的达到了你的目标，除非有真正令人信服的理由能让终点变起点，否则你一定要坚持信念，尽早离场。

这些"真正令人信服的理由"——让你留在一场你已经计划结束的比赛中的理由可能是什么？这种理由只能从相关事件与环境中不可预测的重大变化里发现。这不是一种普通的变化，而是一种剧变，这个全新的形势不仅令你充满希望，而且几乎可以肯定，胜利即将到来。

例如，假设你购买了冰冻橙汁期货，当你的收益已经达到了你设置的止盈点时，你就需要把它卖出，准备把收益存入银行了。但此时你听说，一场寒流摧毁了佛罗里达的许多柑橘作物，那么，在这样的情况下，选择停留一段时间，看看会发生什么，也许是个明智的决定。

但这种情况很少见。大多数时候，当你到达了自己的终点时，意味着你需要告诉自己：结束了。

∴　∴　∴

想要强化"终点"的存在感，有个极好的方法，那就是为自己设置奖励。你需要提前向自己保证，如果自己实现了设定的目标，就会拿出一部分收益给自己买一辆新车或一件新外套，或者一把五弦班卓琴，或者其他任何能让你快乐的东西。你也可以选择带你的爱人或朋友去城里最高档的餐厅吃一顿贵得离谱的晚餐。

这样，终点就与一个实际的、值得期待的具体事件联系在一起了。许多冒险家都会使用这种心理策略，包括那些老手。弗兰克·亨利过去常常用牡蛎和美式牛排犒劳自己。他喜欢牡蛎和美式牛排，这在他的祖国瑞士并不容易吃到。杰西·利弗莫尔有时也很难在自己设定的终点停止。作为给自己的"终点奖励"，他会为自己添置一件用来收藏的古董剃须杯。对吉拉尔德·勒伯的朋友玛丽来说，这个奖励通常是一件新连衣裙或新西服套装。

与下注的金额相比，这种奖励的花费可能显得微不足道——在利弗莫尔的案例中，有时是7位数的金额——但重要的是，即使是看似笨拙的奖励也可以强化**终点**的存在感。如果它对你起作用，就请珍惜它。

有许多投资顾问不赞成这种做法。自18世纪以来，出于一种无法解释的原因，人们普遍认为投资资金是神圣的，不应该随便花费，尤其是拿它来买一盘牡蛎或一件新衣服。对于这种行为，有一个专门的说法，叫作"玷污资金"。似乎这样做是一种羞耻。

但正如吉拉尔德·勒伯经常谈到的，"你为什么要费尽心思赚钱？赚来的钱是干什么用的？留着观赏的？"投资者应该花掉自己赢得的一部分收益——勒伯可能是第一个公开表达这个观念的人。但他从不会为此感到羞愧。事实上，勒伯甚至敦促人们在任何一个有收益的年份花掉一部分收入，无论收益是否已经达到了自己的止盈目标。

勒伯指出，投资资金和其他任何货币一样，都是钱，不需要被单独区别对待，不需要被贴上"请勿触碰"的标签。当然，也有各种各样的理由劝阻我们不去使用这些钱：它可以在你年老时给予你安慰，它可以是紧急情况下的降落伞，它可以传给你的孩子们，它可以给你一种舒适的沉浸感，等等。这些说法都没错。但你也完全可以用这些钱的一部分找点乐子，尤其是在达到止盈点时。

出于这个理由，如果可以的话，我建议你把你的资金投在容易变现的地方。如果你将资金投在了房产或稀有硬币收藏上，在你找到买家之前，这笔钱将不得不一直被锁定。不过，已经有越来越多的银行能为这类非流动性资产提供更加灵活的股权准入交易。这种交易让你通过低利率借贷来获得你的资产。

也许你可以用这样的办法变现。

在其他投资活动中，随时取用是比较容易的，而且是越来越容易。近年来，处理股票、股票期权、大宗商品期货、外汇和贵金属业务的银行和经纪商为客户开发了高度创新的新型账户。现在，我把所有炒股资金都放在现金管理账户中。它是由我的经纪商美林证券（Merrill Lynch）设计的。这是一种多种账户的组合：一部分是我用传统方式买卖股票的普通保证金账户，一部分是支票账户，另一部分是信用卡账户。

当我持有的股票派发股息时，现金可以自动进入这个混合账户。如果我不使用这笔钱，它就会被存入一个定期账户。每当我想要用一些钱时，我所需要做的就是开一张支票或刷我的信用卡，直接从账户中支付。这就是我所说的随时取用。

当我的收益达到止盈点时，我会带着我的信用卡和妻子去纽约度过一个奢侈的周末。

公理 2 | 关于贪婪

投资策略

　　现在让我们看看公理2建议你怎么做。

　　公理2主要强调"尽早获利离场"。不要等待价格达到顶峰；不要指望连胜会一直持续下去；不要过度使用你的运气。要有"连胜持续的时间是短暂的"的心理准备。当你的收益达到之前设定的止盈点时，及时套现并离场。即使一切看起来都很美好，即使你很乐观，即使你周围的人都说暴涨还会继续，你也要坚持自己的信念。

　　除非出现了一些新的情况——这种情况可以让你几乎完全肯定你还能继续获利。

　　除了这种不寻常的情况以外，要养成尽早获利了结的习惯。在你卖出后，哪怕暴涨还在继续，你也不必因此后悔，不要折磨自己。因为这种情况大概率不会持续太久，而你已经及时落袋为安了，最起码你有了实实在在的收益，不会遭受损失。这样一想，你就能宽慰很多。

公理
3

关于期望

当船开始下沉时，不要祈祷，尽快脱身！

公理2告诉我们的是，当事情进展顺利时该怎么做。而公理3要告诉我们的，则是当情况不利时该如何拯救自己。

情况总有变得糟糕的时候。我们可以预料到，在你达到设定的目标之前，你还是有一半的可能性会失败，你对未来的猜测会有一半是错的，你对经济形势的判断会有一半是不准确的。你听到的建议也会有一半是不可行的。

你所期望的，有一半注定永远不会实现。

但你要振作起来，因为这并不意味着你每赚一美元就必然损失一美元。如果真是这样，那这场冒险就毫无意义了。无能的人才会这么想问题。金钱世界中，成功的冒险家能很好地面对和处理糟糕的情况。他们勇往直前，很大程度上是因为他们知道该做什么，并在形势对他们不利时毫不犹豫地采取措施。

知道如何摆脱困境可能是所有冒险家最稀有、最珍贵的才能。它之所以稀有、珍贵，是因为它很难习得，需要强大的勇气和决断力。这是衡量冒险家是否成熟的标准之一，也是冒险家最重要的工具之一。

马丁·舒华兹（Martin Schwartz）对此表示赞同。他曾是一名证券分析师，现在全职从事大宗商品期货交易。1983年，舒华兹的投资获得了惊人的175%的收益，这使他成为美国交易锦标赛（the U.S.Trading Championship）的冠军，该比赛是由芝加哥一家大宗商品经纪公司赞助的年度比赛——他也因此变得更加富有。当被问及是如何取得如此出色的成绩时，舒华兹会立刻强调他认为最重要的一项能力。"我会告诉你我是如何成为赢家的，"他在接受《纽约时报》

（*New York Times*）采访时说，"我学会了如何去输。"

　　你会在牌桌上听到几乎一模一样的话。当被问到怎样才能成为一个优秀的牌手时，夏洛克·费尔德曼毫不犹豫地回答："知道什么时候该认输。"

　　业余玩家只会期待或祈祷好牌来到自己手里，而职业玩家则会专注研究当情况变得不利时自己该如何自救。这可能就是两者之间的主要区别。这也解释了为什么职业玩家有望在牌桌上谋生，而业余玩家（如果与职业玩家比赛）每次下注都可能一败涂地。

　　相比其他失败，无法迅速逃离即将沉没的船，可能会造成更惨重的损失，也更让人感到后悔。"资金被套在陷入亏损的企业中是最痛苦的。"苏珊·加纳说。她刚辞去了大通曼哈顿银行（Chase Manhattan Bank）的工作，为的是全身心投入到金钱世界的冒险中。她现在很成功，但并非从一开始就如此。她花了很长时间来学习冒险家必备的技巧，特别是学习如何输。

　　她回忆道，在最早的一次投资中，她花了2000美元购买了郊区一栋小写字楼的部分股份。这栋楼坐落在一个有点死气沉沉，但似乎正处于苏醒边缘的社区里。当时该地区计划修建一条联邦高速公路，按照计划，这条公路将沿着这个社区的边缘修建。由于这条计划修建的高速公路以及其他一些经济和地理因素，大家都预计这个地区会发展成一个繁荣的商业中心，届时，该地区的房价肯定会迅速上涨。苏珊的选择看起来很有前途。

　　但就像经常发生的那样，这项计划被推迟了，因为高速公路项目遇到了资金问题。一系列的公告预示着拖延的时间会越来越长。一开始，官方的说法是，该项目将推迟大约一年。后来是两三年，然后是5年。终于，一位州级官员鼓起勇气说出了真相：他真的不知道这条高速公路什么时候会建成，如果它还能开建的话。

　　工程的不断延期让当地房地产的热度有所下降。苏珊的那栋写字楼也一直无人问津。她越赔越多，曾想卖掉手上的股份。

"会有人买我这些股份的，"她说，"我知道我必须亏本出售，但我不能让自己这么做。在宣布高速公路工程要延期一年的公告发出之后，我试着告诉自己，只要我按兵不动，一切都会好起来的。这只是暂时的挫折——我一直跟自己这么说。我所要做的就是等待，等待价格回升的那天。"

随后，她等来了延期两三年的公告。这幢写字楼的一个大股东是一位律师，他找到苏珊，出价1500美元买她的股份。她一想到要损失500美元——她投资金额的四分之一——就无法忍受，便拒绝了他。律师把价格提高到1600美元，她还是拒绝了。

随着工程延期的公告不断发布，写字楼价格急剧下跌。那位律师向她出价1000美元。后来又降到了800美元。价格跌得越低，苏珊就越受打击。她说："我甚至都不希望拿回我的2000美元了。""我很生自己的气，因为我本可以拿回1500美元，却没有拿。我一直希望情况会有所改善，证明我的判断是正确的。价格越低，我就越固执，认为如果我把2000美元的股份以800美元卖出，那我就完蛋了！"

当她的钱被这个写字楼套牢时，其他的机会在向她招手。她想在古董家具生意上试一试，也想在股票市场中试一试，还有一个朋友想以便宜的价格向她出售一本19世纪邮票集。她对这些机会都有点动心，但被套牢的2000美元是她的投资资金中的一大部分。在成功解套之前，她几乎无法进行新项目投资。

"我最终决定了……"她说，"让钱像那样被冻结起来简直太荒谬了。"她最终以750美元的价格出售了手上的写字楼股份。

这就是苏珊从公理3中学到的教训：当船开始下沉时，立即跳出去。

∴　∴　∴

注意，是当船"**开始**"下沉时，而不是等到船被水淹了一半时才跳出去。

不要抱有期望，不要祈祷，不要遮住眼睛站在那里发抖，要看清楚周围发生了什么，搞明白当下的情况，并问问自己，问题是否有可能得到解决。除非你能找到值得信赖的、切实的证据来证明情况在好转，否则，就立即采取行动，在其他人开始恐慌之前，冷静而谨慎地逃离这艘船，保全自己。

在股票或商品期货的日常交易的过程中，可以用精准的数字来诠释这一建议。根据吉拉尔德·勒伯的经验，每当一只股票的价格从持有时的最高点下跌了10%到15%时，你就应该卖出，不管那时你是赚了还是赔了。弗兰克·亨利给自己多留了一点余地，他的区间是10%~20%。大多数经验丰富的冒险家都遵循类似这样的规则。无论如何，你要尽早止损，**以承受较小的损失，来保护自己免受更大的损失。**

举个例子：假设你以每股100美元的价格买了一只股票，但行情马上变差了，价格降到了85美元。在这种情况下，你持有股票的最高价格就是你买入时的价格，即100美元。85美元比100美元低了15%，根据公理3，你应该卖出。如果你没有看到任何有力的证据表明情况正在好转，那就请及时退出。

或者让我们举一个更乐观的例子。你以100美元的价格购买股票，它涨到了120美元。你变得更富有了。多么满足的一天！但随后，这家公司遇上了一些意想不到的问题，你的股票又跌回了100美元。你应该怎么做？你现在已经知道答案了。如果确定没有可信的证据证明情况会好转，那就立即卖出。

但知道答案只是成功了一半。当人们试图执行公理3时，有3个障碍阻碍着他们。对于一些冒险家来说，这些障碍令人生畏，必须做好心理准备去面对它们。如果你能保持足够冷静，这些障碍就是可以克服的。

∴ ∵ ∴

第一个障碍是：对后悔的恐惧——基本上和我们在公理2中谈到的恐惧是

一样的。在这种情况下，你担心的是在你退出后，情况会立即好转。

这种情况是肯定会发生的，而且会让人很痛苦。比如，你以每盎司400美元的价格买了一些黄金，之后黄金价格暴跌至350美元，你发现没有继续持有的理由时，决定承担12%的损失，将其出售。交易刚完成，战争就爆发了，4个南美国家的国际债务违约，石油输出国组织（OPEC）国家的油价翻了一番，世界所有的股票市场都崩溃了，所有持有多余美元的人都争先恐后地去买入黄金。价格飙升到800美元。这太让人后悔了！

是的，这的确很令人伤心。但这种情况无法避免，它可能迟早会发生在每个人身上。但这种突如其来的逆转并不经常发生。更常见的情况是，糟糕的状况至少会持续一段时间。导致股票、大宗商品和房地产价格大幅下跌的问题往往是长期存在的，它们发展缓慢，消失得也缓慢。通常情况下，正确的做法是在价格首次出现明显下跌时就及时离场。

的确，在日常生活中，有时等待艰难时期过去似乎是更明智的做法。但对你的金钱而言，这么做并不明智。如果你把钱投入到了一个糟糕的项目中，情况持续恶化，你可能几年之内都无法取出这笔钱。在这期间，当你遇到更好的投资机会时，可能就没有足够的钱来参与其中了。

∴ ∴ ∴

贯彻公理3的第二个障碍是：需要放弃投资中的部分资金。这对一些人来说是非常痛苦的。然而，通过练习，疼痛会减轻。

比如说，你要投资外汇市场，你在意大利里拉上押了5000美元。然而你的预感被证明是错误的，汇率走势与你期望的完全相反，你的可提取资金减少到4000美元。只要你看不到情况好转的趋势，就应该立即卖出。但如果真的卖掉了，你就损失了1000美元。这确实会让人心痛。

　　有人受不了这样的痛苦，所以很多情况下他们做不到这一点。很多人的本能是耐心等待，希望有一天能赚回那1000美元。如果你无法克服这种本能，你迟早会破产。赚回1000美元的方法是把你的4000美元从不景气的市场中撤出，投入到一个更活跃的市场中去。

　　如果你借钱投资——也就是说，用借来的钱来提高杠杆率，那么无法放弃部分资金的问题就会更加严重。你的处境就会像陷入了一场异常痛苦的牌局一样。

　　如果你认为自己还不是一个成熟的冒险家，并且也不熟悉扑克游戏，可以参加一些周五晚上的牌局，或者组织几次。扑克游戏可以让你清晰地看到人性中的某些特点。你可以从中体会到很多东西，包括关于获利的道理，也包括对你自己的了解。

　　当你用自己的现金，而不是使用借来的钱进行投资时，问题相对简单。比如，你用现金买了一些股票，如果股票价格下跌，而你不愿意放弃你损失的钱，你就什么都不用做。你只需要坐在那里，郁闷地看着你的财富缩水。没有人会要求你在这场投资中投入**更多**的钱。

　　现在来说说扑克游戏。如果你想继续这个游戏，你必须继续下注。比如，可能你还差一张牌就可以凑到同花顺了。或者说，机会对你不利，手上的牌很烂，但到目前为止，你已经在这一局里投入了很多，你不能放弃。因此你很可能决定违背你更好的判断（和公理3的教导），选择玩下去。

　　然而，这不是一种普通的基于现金的投资行为。这是扑克。如果你想留下来继续进行游戏，就要继续下注。如果你想看下一张牌，你必须买下它。这个游戏要求你不断地投入以保护原来拥有的。

　　保证金交易也会带来类似的痛苦。你从你的经纪人那里借了一部分钱来投资股票。借款的比例由政府法规、证券交易所规则和经济政策决定。股票由经纪人持有，作为贷款的担保金。如果股票的交易价格下跌，其作为担保金的价格显然也会下降。这可能会使你违反有关最低保证金的规定。然后，你会接到可怕的"追加保证金通知"——这是一种友好却很直接的通知，你的经纪人会给你两个艰难的选择：要么你拿出更多的现金来弥补差额，要么就卖出股票作为抵偿。

此时，你的处境基本上与扑克玩家相同。如果你不愿意放弃你投资中的部分资金，那么你必须投入更多的钱。

自愿放弃部分资金通常是更可靠的做法。如果你没有意识到这一点或无法培养这种意愿，任何类型的冒险对你来说都可能是危险的，而用保证金冒险甚至可能是灾难性的。

∴ ∵ ∴

贯彻公理3的第三个障碍是：承认错误的困难。人们对这个问题的反应各不相同。有些人认为这只是一个小麻烦，有些人则认为这是最大的障碍。女性往往比男性更容易克服这个困难，老年人比年轻人更容易克服这个困难。我不知道为什么会这样，其他人也不知道，包括那些自称知道的人。总而言之，这对许多人来说是一个巨大的障碍。如果你觉得它会阻碍你，你应该反省一下自己，寻找克服它的方法。

你做了一笔投资，结果却十分糟糕，你知道你应该退出。但一旦退出，你就必须承认你犯错了。你必须向你的经纪人、银行家或其他任何与你合作的人承认错误，可能还要向你的另一半和其他家庭成员承认错误。但最艰难的是，你要向你自己承认错误。你必须直视镜子里自己的双眼，说："我错了。"

对一些人来说，这是难以想象的痛苦。典型的失败者试图回避痛苦，结果反复陷入僵局。如果他买了价格开始下跌的股票，他会继续持有，希望未来的情况会证明他当下的判断是正确的。"价格下跌只是暂时的，"他这样告诉自己，甚至可能真的相信这一点，"我的这个决策是正确的，仅仅因为最初运气不佳就出售股票是愚蠢的。我要静观其变，时间会证明我是明智的！"

这样，他就保全了自我。他无视了承认错误的必要，可以继续相信自己很聪明。

然而，他的银行账户将记录真相。若干年后，或许下跌的股价会慢慢涨回来，甚至会涨得更高，到那时，他会觉得自己是正确的，并因此备受鼓舞："我一直都是对的！"但是事情真的是这样吗？他那些被套牢了几年的钱，本可以用于投资更好的项目，赚取更多的收益。然而，他只是站在凄凉的起点，原地不动。拒绝承认错误，就是最大的错误。

次要公理4

欣然接受一些小的损失，并视之为生活的一部分。

在等待大收益的时候，经历几次小损失是难免的。

理想情况下，我们应该**欣然迎接**我们的小损失，因为它们让我们免于遭受更大的损失。然而，这太难了，我从来没见过谁能真正做到这一点。但是，我们至少可以先努力用一种比较从容的态度来接受这些小损失。

这样做确实会让我们更好地保护自己的资金。如果你习惯性地用我们讨论过的方法止损，你几乎就不会遭受严重损失。唯一能让你陷入困境的情况，就是突如其来的市场崩盘。这可能发生在一些流动性差的投资领域，如房地产或古玩，你必须对变动的市场进行仔细且持续的研究以保护自己。但在股票或商品期货的日常交易中，你几乎很难陷入这种困境，因为你几乎总能找到买家。

你要习惯于接受一些小损失。如果一项投资没有成功，那就及时放弃，去尝试其他的。不要在即将沉没的船上逗留，任凭自己陷入危险境地。

有句古谚语说："有耐心的人，一切都会好起来。"如果古代人真的相信这一点，他们就不可能是很好的冒险家。你当然不应该相信这句话，因为至少在金钱世界里，它完全是无稽之谈。如果等着不景气的企业好转，你注定会失望。

最有效的态度（诚然，这种态度并不容易做到）是，像看待生活中其他不愉快的事情一样，看待这些小损失。比如税收、电费等。你每年都得向税务局交税，虽然这不是一件愉快的事情，但你可能不会因此而心烦意乱，你可能会说："好吧，这都是生活的一部分。这就是生活的成本。"试着用这种方式来看待小损失，把它们看作是冒险的成本，它们会为你带来获得巨大收益的希望。

一些冒险家会通过挂止损单（stop-loss order）来预防小损失。止损单是价格达到某一提前设定的水平后可自动执行的卖单。这样，你就相当于给你的经纪人下达了一个指令：如果你以每股100美元买入的股票跌到了每股90美元，或你指定的任何其他价格水平时，他将自动替你卖出。

有些人觉得止损单有用，有些人则不然。挂止损单的主要好处是，让你免受决定何时卖出的痛苦。它会让你用一种坦然心态去接受可能发生的损失。你会想："好吧，我用1万美元投资，在减去经纪佣金后，现在我至少还有9000美元。"这是令人欣慰的。最后，如果运气好的话，你会认为9000美元是新的起点。如果经纪人能替你卖出，你就不会觉得发生了任何重大损失。

止损单的缺点是剥夺了你的灵活性。在某些情况下，你可能认为以每股90美元的价格抛售股票是明智的，但在其他一些情况下，持股到85美元可能更有意义。有了止损单，你往往就会停止思考。

止损服务只适用于股票和大宗商品等特定的每日交易实体，而且许多券商只向超过一定规模的账户提供止损服务。如果你是一个做稀有钱币或古玩交易的人，那么，世界上只有一个人会帮你止损，那个人就是你自己。

我个人的观点是，你最好不要依靠任何自动止损机制，而是要依靠你自己的能力来做出艰难的决定，并贯彻到底。你可能会惊奇地发现，只要稍加练习，你就能变得很坚强——这将是你的冒险生涯带给你的珍贵的额外回报。

你和你的银行账户可以共同成长。

公理 3 ｜ 关于期望

投资策略

公理3告诉你，当麻烦出现时，不要等待，请马上离开。

不要抱有期望，不要祈祷。毫无疑问，期望和祈祷是美好的，但作为在金钱世界冒险的工具，它们是无用的。

没有人会认为贯彻这条公理是容易的。我们已经看到了贯彻这条公理所必须面对的3个障碍：害怕后悔，不愿意放弃投资中的部分资金，难以承认错误。这3个障碍可能会同时折磨你。无论如何，你必须克服它们。

公理3是关于投资本身的，而不是关于心理自助的，因此它无法告知你**如何**克服这些障碍。这是一个内在和个人化的过程，我们每个人选择的方法可能都不一样。公理3旨在强调：学会承担损失是一种基本的技巧。事实上，大多数人都没有真正学会这个技巧，这也是大多数人无法成为出色投资者的关键原因之一。

关于预测

人类的行为是无法预测的。
不要相信任何声称知晓未来的人。

回到1969年，当居民消费价格指数（CPI）上升约5%时，当时顶尖的经济学家们一致认为，通胀率将在20世纪70年代初有小幅上升，并在随后的约10年里逐渐回落。但事实上，这种情况并没有发生。它上涨了一倍多。

1979年，当该指数飙升11.5%的时候，专家们又一致认为，到20世纪80年代中期，该指数将保持在两位数水平。事实上，这种情况也没有发生。到1982年，它回落到1969年的温和水平。

让人感到好奇的是，这些经济学家对未来的了解显然并不比你我多，为什么我们要继续听信他们的话呢？

毫无疑问，我们之所以听信他们，是因为对未来的了解始终是人类执着追求的目标之一。如果你今天能预知明天的股票价格，你就发财了。因此，每当有人发表对未来的预测时，我们都会满怀着敬意与希望认真聆听。

但是，通常情况下，我们听到的预测多数都是错误的。早在1929年的夏天，8月23日，《华尔街日报》告诉读者，他们可以在股票市场赚很多钱。该报的"水晶球"——一种被称为"道氏理论"（Dow Theory）的未来预测技术透露："一个重大的上升趋势"已经在股票市场中形成。《华尔街日报》欢快地呼喊道："秋季的前景看起来比任何时候都要光明。"听信了这一消息的人，在几个月后都栽了大跟头。

股票市场大师葛兰碧（Joseph E. Granville）在1981年初曾断言股票价格即将崩盘。他对成千上万订阅了他的咨询服务的"信徒"说："卖掉你们持有的所有股票！"预期的持续崩盘并没有发生。整个1981年，股票市场都只是起伏不定，但葛兰碧坚持看跌。第二年，1982年，一个壮观的牛市出现了，这是人们记忆中最大、最突然的牛市之一。那些被市场甩在后面的人后悔不已。

葛兰碧并不是唯一一个没能预测到牛市或熊市的人。1983年对金融界来说是特别惨淡的一年。我们可以看看资金经理在这一年的处境，也就是那些为保险公司、养老基金等机构处理投资的专业人士。1983年，据《纽约时报》估计，五分之三的高薪"投资专家"对未来的预测都错得离谱，以至于他们赚的钱还不如一个靠掷骰子做选择的新手赚得多。

衡量投资表现最常用的指标是标准普尔500指数。1983年，该指数上涨了约22%。换句话说，如果那一年你的投资组合上涨了22%，那你的投资表现属于平均水平，评级只能归为C类。然而，根据《纽约时报》的调查，60%的资金经理的表现还达不到平均水平。

再举个例子，一位曾经很有名的经理人曾预测利率将在1983年下降，因此他大量投资债券。但结果是利率上升，所有这些固定利率债券的价格暴跌。这位经理又认为制药公司的股票会涨，然而它们却下跌了。他认为电信业的预期变化对MCI通信公司尤其有利，因此他在客户的投资组合中增加了该公司的股票，结果也经历了股价暴跌。

事实是，没有人知道明年、下个星期甚至明天会发生什么。如果你希望自己作为金钱世界冒险家能有所作为，你必须改掉听信预测的习惯。最重要的是，你永远不要把经济学家、市场顾问或一些"金融大师"所做的预测太当回事。

∴ ∵ ∴

当然，他们有时是对的，但这也正说明他们是危险角色。毕竟，他们中的每个人都从事"预言"行业多年，总能做出一些正确的预测。人们会感叹：

"了不起！"但他们从来不会在发表预测时告知聆听者：他们的预测可能是错的。

著名经济学家西奥多·莱维特博士曾对《商业周刊》（*Business Week*）说："成为'预言家'很容易。""你做出25个预测，然后只谈论其中后来被证实的那几个。"没有多少预言家如此坦率，但几乎所有人私下里都同意莱维特博士的话。经济学家、市场顾问和预言家都知道这条"基本规则"：如果你不能做出准确预测，那就多预测几次。

你会发现，一些经济学家每年都在严格遵守这一规则。每到6月或7月，这些预言家们就开始发布他们对来年第一季度的严肃预测。这些预测通常涉及较重大的指数：国民生产总值、通货膨胀率、基本利率等。由于他们各自显然认真研究了其他同行的预测，他们的预测往往具有显著的一致性。许多投资者的决策都是基于这些猜测，大公司和美国政府也是如此。

每年9月前后，经济形势看起来与之前预测的有些不同，因此经济学家们都会对来年第一季度做出"修正"预测。

11月前后，情况发生了更大的变化，因此我们看到了再次修正的预测。12月……好吧，你懂的。每个预言家都祈祷他的预言中至少有一个是正确的。越晚的预测越有可能准确，因为它们更接近被预测的时间。但偶尔会有一个较早的预测准确地说中现实。这个预言家就会利用这个事实，宣称："我早在7月就预见到了这一点！"

他会小心翼翼地避免提及自己那些不准确的预测，而那些预测会不断地被后来的修正版和再次修正版所取代。

至于每一个像你我这样的在金钱世界冒险的个体冒险家，要想赚到钱，我建议最好忽视这些预测。如果6月的预测将被9月的预测所取代，11月和12月的预测将被更多的预测所取代，那为什么还要听信它们呢？接受这样的预言，就像买了一张在演出之前就已经失效的票。

并不是所有"经济预言家"都能进行一年一度的"预测—修正—预测"表演，但他们每个人人都是那条基本规则的追随者。他们经常预测，并希望没多少人认真检查他们的预测结果。

事情一直都是这样。米歇尔·德·诺斯特罗达姆（Michel de Nostredame）是16世纪一位名不见经传的法国医生，他用四行诗的形式写出了数百条预言。今天，他的拉丁名字"诺查丹玛斯"（Nostradamus）为世人所熟知，他成了一群狂热信徒敬畏的对象。据说，他曾预测过空战和无线电通信等事件。

嗯，也许吧。这些四行诗用的是间接且神秘的语言，你可以凭借自己的理解解释它们，以证明任何你想证明的事情。我曾以尽量包容的心态，对这位古老预言家的100个预言进行了研究，最后得出了如下的统计结论：3个预言是正确的，18个是错误的；其余的79个都是令人摸不着头脑的胡言乱语，让我根本搞不明白这位法国老头到底想表达什么。

诺查丹玛斯的预言并未全部引起世人的关注，但他却成功地在预言界赢得了声望，几乎所有预言家都想成为他。

显然，诺查丹玛斯的预测并不总是正确的，但似乎人们都认为他常常是正确的。

再来看看现代的预言家，比如，自称有特异功能的珍妮·狄克逊（Jeane Dixon，1918～1997，也有传她其实出生于1904年）。她因一些正确的预测而出名，其中最有名的当属对美国前总统肯尼迪（John F. Kennedy）遇刺的预测。这听起来很惊人，对吧？当然，她那些错误的预测并没有被公开。据狄克逊夫人的传记作者兼弟子露丝·蒙哥马利（Ruth Montgomery）说，这位著名的预言家曾预言：美国汽车工会理事长沃尔特·鲁瑟（Walter Reuther，1907～1970）将竞选总统；癌症的治疗方法将于21世纪初研究成功……

现在，你一定明白我举这些例子的意思了。纽约州立大学布法罗分校的学术性协会"超自然现象科学调查委员会"（The Committee for Scientific

Investigation of Claims of the Paranormal）研究了狄克逊的预测记录，发现她的预测结果并不比普通人猜测的结果强多少。

人们很容易被一个成功的预言所迷惑，因为所谓的预见未来的能力对人们来说有一种仿佛能把人催眠的诱惑力。在金钱的世界里尤其如此。一个预言家如果几年来经常预测正确，就会吸引大量的追随者——追随者如此之多，在某些情况下，预言家的预言有时会自然而然地实现。

股票大师葛兰碧的情况就是这样。在20世纪80年代早期，很多投资者都是根据葛兰碧的预测来做决定的，以至于当他说某件事将要发生时，那件事就真的会发生，因为人们相信它会发生。也就是说，当他说市场会下跌时，他的预测吓走了买家——瞧，下跌了。

这件事发生在1981年初，当时葛兰碧告诉他的追随者们卖掉所有的股票。在这个著名的警告发布后的第二天，股市暴跌——道琼斯指数跌了23个点。整个华尔街都惊叹不已。葛兰碧是多么厉害的预言家啊！这一暴跌虽然非常短暂，但却令人印象深刻。

如果你当时是"苏黎世公理"的学生，你可能会觉得这对公理4来说是一个例外。虽然大多数预言都不准，但把钱押在像葛兰碧这样的预言家身上难道不是一个好主意吗？如果他的预测会成真，那么按照他的建议行事，不是肯定能赢吗？

不。即使是很可能成真的预测也不能完全听信。1981年秋，葛兰碧又对他的预言能力进行了一次测试。他的水晶球告诉他，9月28日，星期一，市场将再次暴跌。他向全世界宣布了这一消息。一些投资者便开始做空股票或在股价上涨时买入了看跌期权。他们和葛兰碧一样，坚信股市暴跌即将到来。

但是，当天纽约证券交易所创下了其历史上最大的价格涨幅，一天后，欧洲和日本市场也纷纷大涨。

葛兰碧的一些追随者感到困惑，但他们本不必如此。这些事实只是向他们证明了，葛兰碧和其他人一样：他有赢也有输。

∴ ∵ ∴

　　每个预言家都是如此，有时是对的，有时是错的，但错的情况居多。你永远不会提前知道哪个预测是对的。要想提前知道，你必须对预言家的预言对错做出预判。如果你都这么厉害了，那你也不需要预言家了。既然你不太擅长预测，你就不能迷信预言家说的话。因此，你不妨放弃试图预知未来的徒劳努力。

　　让我们看看另一个例子。1970年，一位名叫唐纳德·罗杰斯（Donald L. Rogers）的财经编辑、专栏作家兼预言家出版了一本书，书名是《如何利用通货膨胀战胜通货膨胀》（*How to Beat Inflation by Using It*）。这本书以告诫人们不要买黄金的错误建议而出名。然而，我们可以原谅罗杰斯的预测失败，因为对当时的水晶球来说，黄金是一个常见的盲点。更有趣的是，这位预言家列出了他认为在未来一年会有不错表现的股票名单。

　　罗杰斯推断，土地将是抵御通货膨胀的良好手段。因此，他认为，购买拥有大量土地的公司的股票是个好主意。他在此基础上列出了可以买进的股票。

　　他的一部分建议在之后几年里被证明是不错的。比如华纳公司。如果你在1970年购买了他们的股票，在1983年中期华纳公司陷入困境之前，无论何时卖出都可以获得可观的利润。罗杰斯清单上推荐的其他公司，如ITT工业公司（当时世界上最大的水泵生产供应商），则表现得很糟糕。

　　那么，问题来了：如果你在1970年读了罗杰斯的那本书，并听信了他的一些预言，你会怎样？

　　那得看你的运气了。如果你从他的推荐名单中挑中了赢家，你就会赢；如果你挑中的是输家，你就会输。运气一直控制着结果。既然如此，那听信预言家预测有什么意义呢？

以事后诸葛亮的角度嘲笑罗杰斯和其他预言家似乎不公平。毕竟，站在今天的时间节点上谈论20世纪70年代的某笔投资是好是坏，是很容易的。预言家也许可以质问我："喂，贡特尔，你有什么权利把我们所有的错误预测都列出来？你能做得更好吗？你的预测就准确吗？"

啊，问得好。不。我不是预言家，这才是重点。我从来没有认真地尝试过预测未来（当然，我总是对此感到好奇），也从来没有说过我**能**预测未来，事实上，我只是在书中花了很多篇幅说预测这条路是不可行的。而我们在这里批评的，是那些声称自己能预测未来的人。他们自诩预言家，并利用自己的预言谋取钱财。他们应该意识到，有些人会根据他们的预言做出重要的决定。因此，让这些预言家为他们的预言负责，似乎是完全正确的。如果他们在售卖预测服务，我们就有权对该服务进行严格监督，并了解它的有效性。

结论是，听信预测是无益于你获利的。

∴ ∵ ∴

有些事情是可以预测的。例如，我们可以精确地知道每天早晨太阳何时升起；潮汐表提前几个月就可以编制好；我每年1月从银行得到的免费日历上写着未来12个月的月相；天气预报没有那么精确，但仍然是相当值得信赖的，而且随着技术的发展，会越来越值得信赖。

为什么这些事情可以被预测？为什么这些预测是可信的？因为它们是发生在物理世界的事件。但"苏黎世公理"是关于金钱世界的，是一个由人类行为控制的世界。而人类行为是难以预测的。

金钱世界的预言家们掉入了一个陷阱，他们忘记了自己是在面对人类行为。他们把通货膨胀率或道琼斯指数的涨跌说得好像是某种物理事件一样。把金钱世界的现象看作是物理事件，预言家便会屈从于一种幻想，认为它们可以被预测。当然，事实是，金钱世界里的所有现象都是人类行为引发的，是难以预测的。

例如，股票市场是大量投资者的情绪的释放区。股票价格的涨跌取决于人们的行为、思想和感受。一家公司的股价上涨并不是因为会计分类账上抽象的数字，甚至也不是因为该公司的未来前景在客观上是光明的，而是因为人们**认为**前景是光明的。市场暴跌并不是因为某个地方的电脑判断出抛售压力在上升，而是因为人们的担忧、气馁或恐惧在加剧，或者仅仅是因为一个为期4天的假期即将到来，所有的买家都得将资金取出来去海边度假。

这与经济学家们喜欢玩弄的那些宏大的指数是一样的：国民生产总值、住房开工率、通货膨胀率等。人们始终为生存和自我改善而无休止地奋斗着，所有这些都是人类互动的结果。这些指数现象共同发酵的最终结果也是如此：衰退、复苏和繁荣，好时代和坏时代……这些都是人为造成的。

因此，这一切都是难以预测的。

因为涉及的不可知变量太多，以至于人们很难对通货膨胀率这样的东西做出可靠的预测。这个比率是由数百万人做出的数十亿个决定所造成的：工人决定他们想要得到的工资，老板决定他们愿意支付的工资，消费者决定他们愿意接受的价格，每个人的感受中都弥漫着艰难或富足、恐惧或安全、不满或喜悦。那些声称可以对这种惊人的复杂性做出可靠预测的人，似乎傲慢到了荒谬的地步。

正如公理所说，人类的行为是难以预测的。既然所有关于金钱世界的预测都是关于人类行为的，你就不应该把那些所谓的预言当真。

∴ ∵ ∴

把它们当真会让你不断陷入困境。股市就可以提供一些很鲜明的例子。让我们随便挑一个，来看看《价值线投资调查》（*Value Line Investment Survey*）1983年对苹果电脑公司（**Apple Computer Company**）的预测。

《价值线投资调查》的出品方价值线公司定期出售一项"预测"服务，它会在未来12个月里定期根据每只股票所谓的"表现"对该股票进行评级。换句话说，它着眼于每只股票的未来，并预测该股票未来一年的价格走势。

必须指出的是，价值线公司近年来的业绩一直相当不错。然而，现在我们面临的问题与我们谈论1970年唐纳德·罗杰斯和他的股票购买清单时所遇到的问题是一样的。如果你是价值线的订阅用户，并相信这些预测，那么你的个人财务命运将取决于你是否足够幸运，能否选出并按照正确的预测行事，而忽略错的预测。

这些错的预测，就包括对苹果电脑公司的预测。

1983年7月1日，价值线公布了一份"绩优股票精选"名单。这个精选名单上就有苹果公司。当时它的股价在55美元左右。

几个月后，股价跌至17.25美元。

价值线在7月份没有预见到这种情况，下跌就这么突然发生了。预言家总是可以用"不可预测的事件"来掩盖一个错误的预测。但这正是问题所在。**每一个预测都有可能遇到"不可预测的事件"**。任何关于人类行为的预测都不可能百分之百准确。每个预测都有可能是对的，但没有一个预测可以完全信赖。

肯定有许多在1983年7月购买苹果股票的人，在它触底之前就已经卖出了。有些人，根据公理3，可能只承受了很小的损失就脱身了。但在有些情况下，这种提前离场是不可能的。如果你不小心的话，一个糟糕的预测可能会让你陷入多年亏损的境地。

例如，想想那些在20世纪70年代早期到中期期间从银行购买长期存单的穷人。正如我们之前提到的，有经济学家曾预测，利率将在70年代初上升，然后趋于平稳或逐渐下降。预测的前半部分被证明是对的，利率确实上升了。银行开始提供4年期和6年期存单，利率为7%和8%，这是前所未闻的。

　　要赚得这笔高利息——站在20世纪70年代初的时间点看，这样的利率确实是高的——你当然需要把钱存够规定的年限。在此期间内，如果没有特殊安排，你就不能随意取出，否则将被扣除一部分金额。银行家是如何让人们将钱存这么久的呢？银行家们是通过重申经济学家的预测来做到这一点的。

　　"看，你们将得到7%的利息！"一位银行家会跟一对潜在储户夫妇这样说。那对夫妇站在那里，颤抖的双手紧握着毕生积蓄。"你以前从哪儿听说过这么高的利率？你能想象它还会再高吗？这种事永远不会发生！你要做的就是在你能得到的时候抓住它。所有顶级经济学家都说，利率将在明年或后年下降，我们业内同行也同意这一点。把握住这7%的收益，你就能赚大钱了！"

　　这听起来太诱人了。然而，事后，这个预测被证明是错误的。

　　利率上升到前所未有的水平。到20世纪70年代末，银行提供的6个月期存单利率高达10%，甚至到了11%，这着实令人惊讶。

　　当时这种半年期的存款产品非常受欢迎。很多人都想买入，包括许多以7%的利率存6年期的人。

公理 4 | 关于预测

投资策略

公理4告诉你，不要把你的投资计划建立在预测的基础上，因为这是行不通的。

无视所有的预测。在由人类行为塑造的金钱世界里，没有人能对未来会发生什么有任何值得信赖的判断。记住这一点：**没有人。**

当然，我们都想知道未来会发生什么，因为我们都为未来感到担忧。但依靠预测来逃避这种担忧会导致你陷入困境。成功的投资者不会把行动建立在可能发生的事情上，而是会致力于对已经发生的事情及时采取措施。

你的投资操作，需要建立在能对实际可见的事件做出快速应对措施的基础之上。当然，在选择一个投资对象并投入资金时，你会对它的前景满怀希望。但这种希望应建立在认真研究和客观思考的基础上。你投入资金的行为本身就是一种预测。你可能会说："我有理由相信它会成功。"但不要让这句话变成一个预言："它一定会成功，因为利率会下降。"永远不要忽略你做出错误决定的可能性。

如果投资成功，你发现自己正在向预期的终点攀升，那就继续坚持下去。如果情况与预期相反，请忽视其他预言家的承诺，铭记公理3，及时脱身。

混乱并不危险，直到它开始看起来有序。

耶鲁大学著名经济学教授欧文·费雪（Irving Fisher）在股市上赚了很多钱。他拥有无可挑剔的学术资历和务实的投资头脑，给人们留下了深刻印象。于是，大家纷纷向他寻求建议。1929年9月，就在他被华尔街历史上最严重的崩盘击垮之前，他宣布："股价似乎已经达到了一个永久的高点。"

这说明：当你感到金钱世界中有秩序正在形成时，你就要当心了。

费雪认为自己凭借聪明才智战胜了市场，但其实是因为他运气好而已。他觉得自己在混乱中看到了"模式"，因此他认为自己应该有可能找到一些公式和策略并以此获利。而且他还相信，他实际上已经总结出了这样的公式和策略。

可怜的老费雪。命运让他高飞了一段时间，但很快就让他坠落在地。有那么几年，他对金钱世界中的秩序的幻想似乎被事实证明是正确的。"看！"他会说，"这是既定的！股市的表现与我的预测完全一致！"

然后，事情轰然反转了。固守着关于秩序的幻觉，费雪对好运的突然结束毫无准备。他和其他许多被他误导的投资者都狠狠地栽了跟头。

关于秩序的幻觉，令费雪教授和数百万人一起陷入痛苦的困境，甚至至今还折磨着众多投资者。在华尔街，在艺术画廊、房地产中介、古董拍卖会等所有需要下注和可能输钱的地方，这种幻觉的阴影一直等待着吞噬那些不谨慎的人。其实，有这种幻觉也是可以理解的，毕竟，还有什么比金钱更有秩序呢？不管世界变得多么混乱，4个25美分硬币总是等于1美元。货币看起来很冷漠、理性且易于用理智分析和处理。如果你想变得富有，似乎你只需要找到一个合理的方法或一个公式即可。

每个人都在寻找这个公式。不幸的是，并没有这个公式。

事实是，金钱世界是一个没有既定模式可言的无序世界，十分混乱。虽然模式看起来似乎会不时地出现，就像多云的天空中或海边的浪花里出现的图案一样，但它们是短暂的，它们不该成为一个人制订计划的可靠基础。它们很诱人，总是能骗过像费雪教授这样的聪明人。但金钱世界中真正聪明的冒险家会看破它们，并无视它们。

这是公理5给我们的教训。这可能是所有公理中最重要的一条，是黄金公理。一旦你掌握了它，你将成为一个比费雪教授还聪明的投资者，即使他拥有巨大的学术成就。一旦你把这条公理内化于心，就不会像那些冒失鬼一样陷入困境了。

艺术品交易领域也经常会出现一些关于秩序的美妙幻觉。这是一个可以以惊人的速度赚到大量金钱的世界。在这个世界赚钱的诀窍就是在不出名的艺术家走红之前发现他们。比如路易丝·莫永（Louise Moillon），17世纪的法国画家。一位女士曾在一个乡村拍卖会上以1500美元的价格买了一幅莫永的画。不到一年，莫永就火了，这幅画后来在纽约以12万美元的价格被卖出。

那确实是一次不错的投资，它可以振奋一个冒险家的信心。但是你怎样才能进行同样成功的投资？你如何预判一个不知名的艺术家会在何时声名鹊起呢？

有专家说他们对艺术有很深刻的理解，他们能看到别人看不到的模式，他们掌握着公式，他们能在伟大的艺术品还未被公众认可并还处于低价的时候识别出它们。他们来到乡下的拍卖会，在其他人还懵懂时，就能做出判断："哇！看那幅画！明年在纽约能卖到6位数！"所以最好的办法是找很多相关的专家进行咨询，对吗？

当然。美国索福林艺术基金（The Sovereign American Art Fund）就是在此

基础上成立的。它本质上是一个单位信托。它通过买卖艺术品来让股东致富。这种买卖是由专家和精明的专业人士完成的，他们卓越的判断可以让他们在其他人察觉之前，发现新的趋势和未来的"莫永"。

多么美好的秩序幻觉。它吸引了众多大大小小的投资者。该基金以每股6美元的价格发售。

似乎没有人能想到，在这场艺术品投资的冒险旅程中，专业人士和浮躁的业余玩家同样容易遭遇厄运。该基金购买的杰作一开始看起来很有前途，首次发行几个月后，其股价就超过了30美元。至少，最初一批投资的人赚到了一些钱。但随后厄运降临。事实证明，这些买来的名作并没有想象中那么抢手。默默无闻的艺术家变得更加默默无闻。一幅昂贵的画还被怀疑是赝品。该基金开业约两年后，交易价格狂跌至75美分。

∴ ∵ ∴

华尔街的共同基金也是如此。它们清楚地说明，在混乱中寻找模式是多么徒劳，而到最后，尤其是对普通人来说，又是多么危险。

想想共同基金看似无限量的前途吧。这些庞大的公共资金由一流的专业人士管理。这些专业人士的教育背景和薪资水平光彩夺目。成群的助手帮助他们打理工作；大量的关于金融案例与理论的资料供他们研究和使用，电脑以及其他昂贵的设备辅助他们进行分析和决策。毫无疑问，他们是世界上受教育程度最高、收入最高、配备设备最先进的投资理论家。

因此，人们会觉得这些专业人士可以在混乱中识别出可利用的模式，并开发出一种有效的市场公式。事实上，人们认为他们早就应该这么做了。

然而，到目前为止，他们还没有找到这样的模式和公式。

可悲的事实是，共同基金经理就像所有其他冒险家一样：他们有赢也有输。这已经是对他们来说很体面的评价了。即使他们拥有聪明的头脑、足够的资金和所有先进的设备，他们也没能做到比普通投资者更睿智或是更出色。事实上，有时共同基金作为一个整体的表现要远输于平均指数的表现。《福布斯》（*Forbes*）杂志曾经绘制了一些熊市中基金价格变化的图表，发现九成的基金的下跌速度与整个大盘一样快，甚至更快。

然而，基金经理们仍在顽强地寻觅着那个神奇的公式。他们如此执着是因为他们拿着高额的报酬，而且在许多情况下或大多数情况下，他们真的相信有这样一个公式，只要他们和计算机足够聪明，就一定能发现它。

当然，你我都知道，他们找不到这个公式的原因是这个公式根本就不存在。当然，你可以通过投资基金赚钱——如果你足够幸运，在正确的时间选择了正确的基金。归根结底，购买基金的风险与购买个股或艺术品的风险一样大。

一些基金经理有可能会比其他人幸运一些，他们管理的基金产品有可能会成为市场追捧的对象。这些基金的价格比平均指数上涨得更快（或下降得更慢）。但问题是，它们是**哪些**基金呢？

所以，你看，我们又回到了原点。如果你想投资基金，你所面对的混乱与你在股票、艺术品、大宗商品、货币或贵金属市场中所遇到的混乱是一样的。无论你投资的是共同基金还是其他，游戏规则都是一样的。特别是基金，不要试图在混乱中感知那不存在的秩序。保持你的理智，坚持按公理行事。

当你读到或听到投资建议时，都要先好好想想。大多数投资顾问都有某种关于秩序的幻觉要出售，因为这就是他们要卖的。

这样的幻觉令人欣慰，似乎充满希望。那些因无知或恐惧而蒙受损失的或感到错失良机的小投资者，以及我们每一个人，都不可避免地对那些能提供看似合理、有序的赚钱方法的顾问趋之若鹜。但你应该对所有的顾问都持怀疑态度，他们看起来越冷静，越像银行家，你就越不应该信任他们。

一个人越冷静，越像银行家，他就越不愿意承认他在应付混乱，很多时候他也没能看清趋势，最后，他也必须像其他人一样摸索，试试运气。

小阿尔弗雷德·马拉布雷（Alfred L. Malabre, Jr.）作为一位资深投资者，对这一点深有感悟。马拉布雷是《华尔街日报》的编辑，当他被派往海外执行一项长期工作时，他曾寻求过投资方面的帮助。他需要一个精明谨慎的人替他管理股票投资组合。投资所涉金额并不是很多，但他希望他的资金能得到很好的管理和保护。他不在的时候，万一市场崩盘或发生其他重大事件，他希望有人可以及时帮他卖掉，或者在其他时间采取必要措施。

于是他开始四处寻找合适的托管人。正如他在《80年代投资盈利》（*Investing for Profit in the Eighties*）一书中所讲述的那样，他的目光锁定在了纽约第一国民城市银行（The First National City Bank of New York），也就是现在的花旗银行。和大多数银行一样，花旗银行也提供投资组合管理服务。如果你有一笔资金，但不想闲置，或者暂时不能自己管理，就像马拉布雷的情况一样，你就可以把它交给银行家。当然，这是要收费的。

好吧，马拉布雷心想，这听起来像是解决我问题的好办法。这可是花旗银行，世界前十大或前十五大银行之一，里面的人肯定很擅长打理金钱，把自己的资金交给他们，怎么会错呢？我还能找到更值得信赖、更谨慎、更精明的托管人吗？我离开以后，他们肯定不会损失一分钱，说不定他们还会为我赚上一笔呢！

马拉布雷就是这么想的。

他产生了一种完全可以理解的秩序幻觉。还有什么能比纽约一家大型银行更了解金钱世界呢？一个没有受过专业教育的人可能会把投资组合搞得一团糟，但银行肯定不会。银行一定是把"公式"锁在了它们的保险库里，并且在任何情况下都知道如何靠它操作。

事实证明，银行家们差点让马拉布雷破产。他们帮马拉布雷以每股119美元的价格买进了雅芳公司（Avon Products）的股票，两年后，它的交易价格已低于20美元；他们帮他以110美元的价格购买了西尔斯百货公司（Sears, Roebuck and Company）的股票，然后看着它跌到41.5美元；他们帮他以略低于400美元的价格买入了IBM的股票，结果跌至151美元。马拉布雷只好亲自采取紧急止损措施，才避免自己陷入更艰难的财务困境。

这段经历虽然带来了财务痛苦，但也给马拉布雷上了一课。马拉布雷不会忘记他在花旗银行学到的教训。但你可以在不损失任何资金的情况下学到同样的教训：你应该警惕那些对混乱视而不见的投资顾问。一个顾问越相信秩序在金钱世界中的存在，那么他就越不值得你信任。

当秩序在你看来越来越真实时，你就已经陷入了危险。"苏黎世公理"并没有每一条都特别强调你应该保持清醒，但所有公理中都隐含着这样做的必要性。投资时不要打盹，你可能会在一觉醒来时发现自己的钱都赔光了。

∴ ∵ ∴

如果你想度过一个有意义又有趣的下午，想了解一下"秩序幻觉"这一主题，你可以去当地的图书馆看看关于如何致富的书。即使是一个小图书馆，也会有一两个书架上摆放着这类书。这些图书讨论的话题多种多样，其中可能包括一些对你个人很有吸引力的话题，比如：如何通过房地产致富；如何中头奖；如何靠集邮赚钱；还有股票、债券、黄金和白银……这个单子还能列得更长。

注意这些书的一个共同特点。其中，大部分作者都声称他们因某些特定的方法而暴富，类似《我是怎么靠吃猪肉胖起来的》这种。

这些作者说的是实话吗？嗯，可能是吧。这是他们认为的真相。

其实我们不需要对这些致富经验太过苛求。我们可以假设我们读到的都是真实的描述：作者执行了这个方法，并赚了一大笔钱。然而，我们不能任凭自已被作者提出的秩序幻觉所迷惑。

作者相信他成功致富是因为他找到了成功的公式。但我们要意识到，他的成功离不开运气。

只要够幸运，不成熟的赚钱方法也能奏效。但如果没有运气的加持，那自然很难成功。一些顾问承认运气的主导作用，"苏黎世公理"也是如此。公理不仅承认这一点，而且本身是建立在这样一个基本假设之上的：运气是决定冒险成功或失败的最强大的因素之一。

然而，大多数顾问会忽略运气，或者假装运气不存在，或者以尽可能快的速度绕过这个话题。就像花旗银行的银行家、美国某艺术基金的经理一样，他们的工作是销售一种"舒缓剂"，一种有序的方法，一种一切尽在掌握的感觉。"拉着我的手，孩子，别害怕，我是过来人，我就是这么做的，你只需要遵循这些简单的步骤就行。"

好吧，如果你愿意，你可以跟着他们，直到你走到悬崖边。去年奏效的公式不一定会适用于今年，因为金融环境瞬息万变。而且，一套适用于你邻居的公式不一定适用于你，因为你要应对很多不同的随机事件。

事实是，任何忽视运气的公式都是不可信的。这就是公理5中伟大的、解放人心的内涵。

运气的作用不仅体现在一个顾问可能大错特错这一事实上，还体现在另一个同样明显的事实上：你经常会发现两个"圣贤"给出完全相反的建议。例如，在书架上我们有刘易斯·欧文（Lewis Owen）的《华尔街如何让我的钱每三年翻一番》（*How Wall Street Doubles My Money Every Three Years*）和塞缪尔·格林菲尔德（Samuel C. Greenfield）的《投资的高低理论》（*The Low-High Theory of Investment*）。

欧文说：你应该购买那些股价接近或已经达到12个月高点的股票。他关于秩序的幻觉是，某种他称之为"势头"的东西可以使价格走势继续下去。因此，上涨的股票将继续上涨。

格林菲尔德说：你应该购买那些股价接近或已经达到12个月低点的股票。他关于秩序的幻觉是，价格在以一种大致可预测的方式玩跷跷板。因此，接近低点的股票很快就会回升。

这两位不可能都是对的。事实上，两者都不对。现实生活中，只要你运气好，不只股票的价格会上涨，其他任何你想要用它赚钱而投资的产品的价格也会上涨。

次要公理5

小心"历史陷阱"。

"历史陷阱"是一种特殊的秩序幻觉。它基于一个古老但完全没有根据的信念，即他们认为历史具有有序的重复性，在未来能够于某种情况下被准确预测。地球上每100人中大概有99人持这种观点。

因此，假设在过去的某个时候，事件A之后又发生了事件B，几年过去了，现在我们又在见证事件A——"啊哈！"几乎每个人都会说，"接下来，事件B就要发生了！"

不要掉入这个陷阱。历史有时确实会重演，但大多数情况下不会。而且在任何情况下，历史重演的可靠程度都不足以让你去为之下注。

"历史陷阱"造成的后果在日常似乎显得微不足道。"当他们在第三局末领先时，他们就赢得了比赛。""每次我们约好见面喝酒，她都会因为公司有事而迟到。"人们总是任凭自己被这种不可靠的预期欺骗——这可能很愚蠢，但结果通常并不危险。但是，当你的钱被牵扯进来时，"历史陷阱"就显得非常危险了，因为它会让你输得精光。

这种陷阱普遍存在于金融咨询行业中。人们可能会认为，在观察到事件很少按预期的方式发生后，大多数咨询师应该学会了如何避免它。但事实并非如此——对秩序的幻想或对"相信秩序"的需求太强烈了。

在华尔街，有非常多的投资流派的思想都是建立在"历史陷阱"所产生的谬误上的。股票和债券分析师会回顾某一种证券或某一组证券上一次出现牛市的时间，收集当时发生的所有事情的大量相关数据。他们会注意到，国民生产总值上升，利率下降，钢铁行业盈利，保险业不景气，总统的姑妈感冒了……然后他们会等待相同的情况再次出现。"哇！"当一个看起来具有预示性的事件出现时，他们会大叫，"看！万事均妥，新一轮牛市即将到来！"

也许是这样，也许事实并非如此。

弗兰克·亨利认识一位年轻女士，她一头栽进了"历史陷阱"，输得很惨。她在瑞士银行公司（Swiss Bank Corporation）从事一份薪水微薄的底层文员工作。父亲去世后，她继承了一小笔财产，她决心用这笔钱进行投资，使自己能跻身中产阶级。弗兰克·亨利钦佩她的勇气，像个祖父一样关心她，当她需要时会给她提供建议。

她被外汇交易深深地吸引了。她第一次接触外汇交易是在银行工作期间。这是一个高风险的交易游戏，但如果你赢了，相应的回报也非常高。这种交易的基本方式是根据世界上各种货币的汇率相互兑换。

比方说你买进日元，用美元作为支付工具。你希望日元对美元升值。如果升值了，你会很高兴地抛售日元，换得比你支付的更多的美元。因为货币价值是波动的，而且交易通常是在高额保证金的基础上进行的，这意味着你自己只拿出相对较少的一部分现金，其余的钱都是向经纪人借的，所以你的杠杆率很高。一夜之间，你或许能赚到几倍的钱，相反地，你也可能让自己的财务状况陷入绝境。

大多数小规模的外汇交易者只使用几种货币，通常只使用两种货币。这也是那位年轻女士选择的方法。她觉得自己对美元和意大利里拉之间的汇率有着很好的把握。弗兰克·亨利对她每次只做一种货币交易的决定表示赞赏——这对任何初学者来说都是一个不错的决定——但当看到她陷入"历史陷阱"时，他就开始担心了。

有一天，她告诉弗兰克·亨利，她对美元和里拉之间的涨跌关系进行了全面的历史研究。这样的研究在任何投资中都是有用的，只要你进行研究时不做出历史将重演的潜在假设。不幸的是，这位年轻女士做出了这样的假设。

她说，根据她的研究，里拉对美元的汇率总是在瑞士法郎上涨、美苏关系冷淡，以及其他一些国际经济和外交领域的指标开始明朗时上涨。她决定等到指标给出历史信号后，再投入交易。

在这一切发生的时候，"苏黎世公理"还没有完全形成，所以弗兰克·亨利没有"历史陷阱"这种名词来确认她的想法在哪里出了问题。他尽力劝阻她，但她太兴奋了，根本听不进去。几乎每一位发现赚钱新机会的冒险家都是这样。"她以为自己找到了一把神奇的钥匙。"弗兰克·亨利失落地说，"我问她，为什么这么多年来，成千上万的聪明人都没有找到它。她不知道，也不在乎。一天晚上，当一个年轻人带她去一家意大利餐馆吃饭时，她花了一半的时间和领班谈论汇率。"

最后，当她相信的那些指标显示"可以进场了"时，她就买了一堆里拉。之后，里拉对美元的汇率立即开始下跌。

"卖出！"弗兰克·亨利在这位女士损失了15%的钱后催促道。

但她的秩序幻觉太强烈了。她想，她所要做的就是等待，直到她信以为真的"公式"被证明是正确的。她认为这个公式在过去一直是正确的，现在不可能会错。但市场现实就是这样！

她看到的世界是颠倒的。公式可能是错的，但市场永远不会错。市场自有其道，它不做任何预测，也不提供任何承诺。市场就是市场，和它争论，就像站在暴风雪中咆哮，无论你期不期待市场的变化，它都会到来。

这位女士不断地争辩，可外汇市场拒绝配合她的判断。弗兰克·亨利一直没有弄清楚她输了多少钱，因为他觉得这样问太不厚道了。但当她卖掉里拉头寸时，她肯定输得一败涂地。

次要公理6

小心"图表幻觉"。

在方格纸上用线表示数字变化可能有用，但也可能很危险。当它能比数字更清晰地将某些事实表现出来时，它是有用的。当它使所描绘的事物看起来比实际情况更坚实更有预兆性的时候，它就是危险的。

"图表幻觉"通常是"历史陷阱"的图形延伸。这一点在华尔街的图表分析师们身上最为明显。这些人有自己的行话，其他人几乎听不懂；他们也有自己业内的杂志和通讯，以及赤裸可见的秩序幻觉。他们相信，一只股票、一种货币、一种贵金属，以及市场价格数据中经常显示的任何物品的未来价格，都可以通过绘制过去的价格波动图表来确定。

图表分析师首先把注意力集中在某一种投资工具上，比如说股票，甲电脑公司的股票。他回顾了这只股票交易价格在过去几个月或几年里的涨跌记录，并将这些数字转化为图表上的点和线。之后，他会研究其中的模式，会特别关注甲电脑公司股价开始大幅上涨或大幅下跌之前发生的波动。他相信这些模式将会重演。下次当他看到类似的波动时，就会断定新一轮的价格上涨或下跌即将到来，并采取适当的行动。

当事情没有像他预期的那样发展时——通常情况下，事情都没有那样发展——他会谦卑地责备自己。他坚持认为，问题在于他不够敏锐。他知道市场可以通过图表来预测，只要他能找到正确的模式。

他很难接受这样的解释：股价走势没有模式可言。它几乎从不自我重复，也从不以可靠的、可预测的方式这样运行。制作股价走势图表就像给海洋泡沫呈现的图案做图表一样。每个图案你只会看到一次，然后就会消失。只有极端偶然的机会之下，你才可能再见到它。如果你真的再次看到它，它也没有任何意义，预测不了任何事。

"图表幻觉"产生的另一个因素，是人们可以通过在网格纸上大胆地画出一条黑线，使一堆无趣的、本质上杂乱无章的数字连起来，形成一个"大趋势"。小贩和骗子在几个世纪以前就已经意识到了图表的这种力量。共同基金销售人员一直在运用它。基金价格可能一直在缓慢上升，速度如此缓慢以至于都赶不上通货膨胀的速度，但通过在图表页面上把年份挤在一起，或者通过省略一些他们不愿讨论的糟糕年份，基金发起人就可以为他们的销售手册制作一张出色的走势图。当看到那条高耸的黑线时，你便会不由自主地惊叹起来。

"图表幻觉"的危险不仅在于你可能会被别人欺骗，还在于你可能会欺骗自己。例如，当看到里拉对美元汇率的图表中线条向上倾斜时，你会认为："哇！也许我应该进场了！"

但是请耐心等待。不要仅仅被表象所迷惑。看看数字背后的意义。也许它描述的只是里拉的年度高点。另一张显示年度低点的图表中，线条可能会向下倾斜。换句话说，里拉对美元的波动幅度很大。向上倾斜的线条所暗示的平静、稳定的变化是一种错觉。事实是，它们之间的关系很混乱。

人们就这样让自己被图表所迷惑。图表总是有一个令人舒服的、有序的外观，即便它描绘的是混乱。

生活从来都不是一条直线。任何成年人都知道这一点。但当我们在看图表时，我们很容易被催眠，从而忘记这一事实。

你看了一张描绘乙电子公司收益的图表。这张图表是专门为乙电子公司的年度报告准备的，辅以丰富的颜色，描绘了公司的良好经营状况。那条向上倾斜的线，那么粗，那么结实，那么牢固，似乎没有什么能打破它的势头。它可以弯曲，但只能轻微弯曲。看起来好像它会一直往上爬！

但你不要因此就轻易下注。

次要公理7

小心相关性和因果关系错觉。

有一个老段子：一个人每天站在街角，挥舞着手臂，发出奇怪的叫声。有一天，一个警察走到他面前，问他这是怎么回事。"我在驱赶长颈鹿。"这个家伙解释道。"但是我们这附近从来没有长颈鹿。"警察说。"那还不是我的功劳吗？"那家伙说。

即使是最理性的人，也可能会在不存在因果关系的两个事物之间感知到它们因果相连。当我们需要这样做的时候，我们甚至会捏造这种联系。

人类的大脑是一个寻求秩序的器官。它对混乱感到不安，为了把事情整理到满意，它会不惜从现实撤退到幻想中。因此，当两个或两个以上的相邻事件发生时，我们会不自觉地在它们之间构建复杂的因果关系，因为这让我们感到舒服。

但这样也会让我们变得脆弱，只是我们通常不会察觉到这一点，当我们发现时往往为时已晚。

举一个我自己的例子。许多年前，在弗兰克·亨利和我还没有深入谈论"苏黎世公理"的时候，我在IBM和霍尼韦尔公司（Honeywell）的股票之间来回操作，赚了一点钱。当时，霍尼韦尔公司致力于制造大型通用计算机，在很大程度上是IBM的直接竞争对手。在18个月左右的时间里，我注意到这两只股票的价格经常朝相反的方向波动。当霍尼韦尔的股价上涨几个星期时，IBM的股价就会走下坡路，反之亦然。我拿出一小笔钱，以我认为非常聪明的方式下注：当霍尼韦尔上涨时，马上卖出，在低点买入IBM，等它上涨……

有几次效果还算不错。我本应该意识到这只是因为我运气好，但我那时候并没那么聪明。我以为我掌握了两只股票之间的关系，其实……我只是构建了一个因果关系来解释我所目睹的现象。

我推测有很多冒险家或机构——共同基金、保险公司和富有的私人掮客——会周期性地把巨额现金从IBM转移到霍尼韦尔，然后再转移回来。当霍尼韦尔宣布了一款很有吸引力的新产品或采取了其他一些不错的举措时，所有那些人都会抛售IBM的股票，然后买入霍尼韦尔股票——反之亦然。如果这一假设成立，就可以解释两只股票价格的相反走势。

这是真的吗？当然不是。毫无疑问，事实上，看似有序的价格波动，纯粹是巧合。这些事件是随机的和不可预测的。过去两只股票曾数次出现相反的价格波动，并不表明今后还会出现这种情况。但我捏造的因果关系让这一切看起来比实际更有条理，而且我自信地在上面押了很多钱。

当我再一次在霍尼韦尔股价处于低点的时候买进很多股时，霍尼韦尔和IBM双双暴跌，就像一对鸭子的尾巴同时被猎枪射掉。在我搞清楚状况并放弃自己对秩序的幻想之前，我已经损失了大约25%的本金。

除非你能**真正看见**一个原因在起作用，否则你就要抱着最大的怀疑去考虑所有的因果假设。当你观察相邻发生或同时发生的若干事件时，你要清楚地知道这是由偶然因素引起的，除非你能找到确凿的证据来否定这一点。永远记住，你是在面对混乱，并在采取相应的行动。就像"苏黎世公理"所说的，当混乱开始看起来变得井然有序时，事情就变危险了。

在金钱世界中，许多人都在拼命寻找有序的模式，所以像华尔街这样的地方，会源源不断地输出关于这种和那种现象之间可能存在因果关系的想法。有一批人坚信这样的因果关系，另一批人坚信那样的因果关系。但无论是哪种因果关系，对人类热爱秩序的大脑来说，都极具吸引力。然而，很多时候，寻求秩序都会变成自寻烦恼。

举个例子：有这么一组关系——有人嘲笑，有人重视，这就是美国共和党的"第一年的霉运"。从20世纪头几十年开始，美国共和党籍总统的每一个任期（无论是第一任期还是第二任期）的第一年，股市都会持续下跌。这在前总统胡佛（Herbert Hoover）身上发生过一次，艾森豪威尔（Dwight D. Eisenhower）两次，尼克松两次，里根（Ronald Reagan）一次。这件事甚至发生在福特（Gerald R. Ford）3年不完全任期的头12个月里。

因此，我们遇到的第一个问题是：为什么？第二个问题是：投资者应该如何应对？

第一个问题最可能的答案是，这一现象是由与新就职总统的政党无关的随机事件造成的。与市场波动相关的偶然因素多如牛毛，总统就任只是其中之一。这就像"超级碗①预兆"——这是华尔街经常提到的一个特殊现象，每当1月份的"超级碗"比赛的获胜队是一支源于两大联盟合并之前的美国国家橄榄球联盟的球队时，股市就会上涨。"超级碗预兆"这个话题很有意思，但没人真的认为橄榄球和股市之间存在因果关系。相关性就这么偶然发生了，仅此而已。美国共和党籍总统"第一年的霉运"也是如此。

至于第二个问题——如何应对这些倒霉事例——答案是"没什么可做的"。

但也有投资者坚持要找出一些规律。关于美国共和党籍总统任职的第一年里市场会下跌的原因，一种观点认为：这是因为标榜自己为经济繁荣党的共和党，提高了人们的财务预期，并且这种预期达到了不切实际的高水平。如果他们在总统就职典礼当天不能立即致富，就会心怀不满，这种失望情绪就会席卷股市，导致大盘下挫。当然，还有其他的原因，但我们没有必要在这些问题上浪费太多精力，因为所有这类说法都是人们对现象之间的因果关系的牵强解释。

---

① "超级碗"（Super Bowl）是美国国家橄榄球大联盟（National Football League，NFL）的年度冠军赛。——编者注

一个因果关系，一旦被发明和接受，可以使一个现象看起来比实际情况更有序更合理。

正如我们所看到的，这很可能是危险的。如果你认为美国共和党籍总统的"第一年的霉运"会导致股市暴跌，那么你会认为这是一系列有序的事件，你有必要采取行动。你会变得像费雪教授一样，看到一些并不存在的模式。

也许"第一年的霉运"在未来真的会再出现，也许并不会。它开始于偶然，终有一天会结束于偶然。无论如何，我们无法对它做出预测。事实上，它只是混乱的一部分。

如果你不能精准地观察到真实的因果关系，就不要幻想它们了，也不必因此费神费力了。在"超级碗之夜"玩得开心点吧——但如果获胜的球队不是你期待的那一支，那就去找酒吧招待给你调杯酒，而不是去找你的股票经纪人。

次要公理8

小心"赌徒谬误"。

赌徒说："我今晚运势很好！"买彩票的人说："这是我的幸运日！"两人都让自己陷入了一种期待中的亢奋状态，在这种状态下，他们会以低于正常水平的谨慎来冒险投资。他们都可能会后悔。

"赌徒谬误"是秩序幻觉的一种特殊变体。在这种情况下，被感知的秩序不是在外部的混乱中形成的，而是在内部，在自我意识中形成的。当你说自己运势很好，或者你觉得今天是你的幸运日时，你的意思是你暂时处于一种状态，在这种状态下，随机事件会对你有利；在一个无序的世界里，各种事件瞬息万变，而你是一个有序的平静岛屿，你附近的事件将停止喧哗，顺从地按你的计划行进。轮盘上的小球会掉在你期待的数字槽里；好牌会落在你手上；赛马结果也会如你所愿；你买的任何彩票都会中奖；哪怕是你蒙着眼睛选的股票也会在下周让你收益翻倍。你赢定了！你绝对不会输的！

令人惊讶的是，如此多的聪明人允许自己被"赌徒谬误"所愚弄。这种谬误会出现在任何需要下注的地方，但在赌场中尤其普遍（也因此得名）。

在拉斯维加斯和大西洋城，人们最常听到的一条毫无用处的建议是，在每晚进行任何大额下注之前，你应该"测试"一下自己的运气。这个建议的意思是，你先玩几把小游戏，比如往老虎机里投入几美元，看看自己的运气如何。如果那台机器连句谢谢都没说就吞下了你的钱，那你就应该知道那天晚上你的运气不佳，还是回旅馆房间看电视吧。但如果老虎机还给了你本金，并带给你收益，你就可以玩大型的轮盘游戏了。

几乎所有的人都相信这种关于秩序的幻觉。大赌徒对此深信不疑，小赌徒也是如此。穿着貂皮大衣开着豪车来到赌场的有钱人相信这一点，即便是输了钱就买不起回家车票的人也是如此。几乎所有的人都把这种幻觉当作了生活的一部分。

和许多类似的幻觉一样，"赌徒谬误"也很有吸引力。这似乎是事实。从另一个角度来看，它看似还很合理。

每个人似乎都能从自己的经历中回忆起支持这一观点的事件。如果你经常玩桥牌、扑克或"大富翁"，你会强烈地意识到，有些时候你的运气极好，好到让你不适应。而另外一些时候，你会后悔没待在家里好好看书。你的运气时好时坏。

这种现象并不局限于牌桌，它还会延伸到你生活里的所有活动中。有些时候，你的所有决定最终都取得了好结果，每个人都朝你微笑，甚至会有意想不到的支票寄来，而你的竞争对手最终决定远走高飞，到澳大利亚去发展。但也有一些日子，你付出的所有努力都只换来了令你沮丧的结果。

在这一切的背后，我们很自然地会看到某种秩序。

赌徒们津津乐道的故事强化了这种幻觉，它们是关于连续好运降临的传奇故事。你会在每一家出售彩票的店铺和报摊边听到这样的故事。有些仅在当地传播，但有些故事则成了流传于全世界的经典。

比如，有一个关于查尔斯·威尔斯（Charles Wells）的故事，因一首流行歌曲《在蒙特卡洛①大赚一笔的人》（*The Man Who Broke the Bank at Monte Carlo*），这个故事被广为传播。

在1891年的3个晚上，威尔斯若干次达成"大赚一笔"的传奇成就。

"大赚一笔"并没有听上去那么戏剧化。这并不意味着你让游戏场地破产了，这意味着你赢了这张桌子上的每一位玩家的钱。尽管如此，这样的事还是很少发生，一旦发生了，就会登上头版头条（游戏场地愉快地配合宣传，用一块黑布隆重地铺在那张桌子上，便可以指望这个消息在第二天晚上引来许多新的"笨蛋"以及他们的钱）。

威尔斯玩的是轮盘游戏。他3个晚上的连胜是最令人震惊的。那天晚上，他选择押单一的数字，这是轮盘游戏中获胜概率最小的一种玩法。你可以在1到36中任意挑一个，然后把你的钱押在上面。如果你赢了，你出的每1美元将得到36美元的回报。在老式的蒙特卡洛轮盘游戏中，成功的可能性是1∶37。

威尔斯把他的钱押在了5这个数字上，然后一连赢了5次。其他玩家都输了。威尔斯带着10万多法郎（当时10万多法郎的消费能力相当于现在的100多万美元）走了。

接下来这个故事是关于卡洛琳·奥特罗（Caroline Otero，19世纪出生于西班牙的电影明星）的。在蒙特卡洛最繁荣的岁月里，她或许是那里最有名、最美丽的交际花。她18岁时被一个无能又无赖的男人带到了这个充满传说的地中海沿岸城市。那个男人在牌桌上输掉了所有的钱，便抛弃了她。她当时兜里只有20法郎。出于一种绝望的冲动，她走到一张轮盘游戏桌前，把钱全部压在了红色上。

---

① 蒙特卡洛，摩纳哥公国的主要城市之一，是世界知名的"赌城"。——编者注

选红色或黑色——是轮盘游戏的另一种玩法。如果你赢了，你的钱就会翻倍。卡洛琳·奥特罗太害怕了，不敢看结果如何，所以她把钱放在桌子上，离开桌子边，等着最后的结局。

红色连续出现了28次，玩家们输了，但这个被抛弃的女孩却突然发财了，立刻变成了蒙特卡洛公认的"女王"。

诸如此类的故事都很有趣。和其他类似的故事一样，从19世纪到今天一直经常被提及，似乎佐证了"赌徒谬误"。"你看，有的时候，人们真的会好运爆棚！"一个信徒会说，"这些故事证明了这一点——你所要做的就是等待你的好运，然后疯狂地下注！"

这些故事其实并不能证明什么。或者说，它们所能证明的就是运气发挥了作用而已。

抛硬币的次数足够多，你迟早会抛出正面。但在此过程中毫无规律可言。你不可能事先知道正面什么时候开始出现。而当它出现的时候，你无法知道它会出现几次。

轮盘游戏、赛马、艺术品交易或者任何其他让金钱处于风险之中的游戏都是如此。如果你玩的时间足够长，你就可能享受到连胜——也许是一些令人难忘的连胜，毫无疑问，这样的战绩会让你的朋友们羡慕一辈子。但在这样的行情中，你无法有序地套现。你无法预见好运的到来，也无法预测它们持续的时间。它们只是混乱的一部分。

如果你在轮盘上押红色，而红色连续出现3次，那就不错了。但未来呢？你会连续赢28次吗？你运气足够好吗？你应该增加押注吗？

很多人会给出肯定的答案。这就是为什么许多人离开游戏桌时，会发现自己口袋空空。

正如我们在研究公理2时所了解到的那样，无数冒险家都曾因为未能及时获利了结而破产。"赌徒谬误"往往会造成这种失败，因为它会让人觉得自己暂时是不可战胜的。

这种感觉很危险。没有人是不可战胜的，哪怕是在半秒钟内。

卡洛琳·奥特罗和查尔斯·威尔斯很幸运。他们不得不停止游戏，因为其他玩家的钱都输光了，而且下注规模是有限制的。这些情况挽救了他们。如果事实并非如此，他们继续玩下去的话，两人迟早都会赔得精光。那我们今天也就不会听到关于他们的故事了。

他们并非不可战胜，虽然两人似乎都有这样的感觉。或许，他们的良好判断被这些引人注目的连胜所冲淡了，在经历了连胜之后，可能真的很难保持完全的理性。不管怎么说，在后来，卡洛琳·奥特罗和查尔斯·威尔斯作为"赌徒谬误"的两个非同寻常的案例，被反复提及。

因为这两人获得了概率极小的大胜，我们会想当然地以为他们将永远保留着这份好运气。

但事实并非如此。卡洛琳·奥特罗最终死于巴黎一间破旧的公寓。而查尔斯·威尔斯则死于狱中。

公理 5｜关于模式

投资策略

现在，让我们具体看看公理5是如何建议我们处理财务问题的。

"苏黎世公理"警告我们不要在没有秩序的地方寻求秩序。这并不意味着你要对一个有前途的投资机会放弃希望。相反，你应该认真、深入地研究你感兴趣的投资工具——股票、艺术品等。当你看到好的投资机会时，就要全力以赴。

但不要被秩序幻觉所迷惑。你的研究可能提高了你获胜的概率，但你仍然不能忽视运气在投资中所起的作用。你的研究不可能帮你创造出一个确定的模式，甚至一个几乎确定的模式。你还是要应对混乱。只要你对这一事实保持敏锐的警觉，你就能避免让自己受到伤害。

你应该这样想："好吧，我已经做了大量研究和准备工作，知道如何应对各种情况，我认为这笔投资能给我带来回报，但由于我无法看到或控制所有会影响我获利的随机事件，犯错的可能性仍然是存在的。因此，我会保持轻快的步伐，随时准备在任何情况发生时及时脱身。"

这就是公理5的教诲。铭记它，你会成为一个更聪明的投资者。

公理

6

关于灵活性

避免"扎根"。这会妨碍你的灵活性。

在现代心理健康理论的词典中，无归属感与忧虑属于同一类别，它们都会让你感到不舒服。

从许多方面来看，有归属感确实是一件好事。有老朋友和好邻居陪伴，感觉自己属于某个熟悉的地方，这些都能让你倍感温暖。相比之下，这种温暖安逸的对立面——漂泊和疏离——似乎很冰冷，令人不舒服。毫无疑问，这就是为什么大多数心理医生认为我们应该建立归属感。

但你应该谨慎建立归属感。如果你让它影响到你的财务生活，你可能会损失很多钱。作为一个金钱世界的冒险家，你越是热切地寻求那种熟悉舒适的感觉，你就越可能失败。

该条公理并不仅仅指地理上的流动性或没有归属——许多美国中产阶级就是如此，尤其是那些试图在房地产投资中赚钱的人——还包括一种精神状态，一种思维方式，一种组织自己生活的习惯方法。

这条公理可以分为两个次要公理。

次要公理9

不要因为意气用事和念旧的情绪而任凭自己陷入没有希望的冒险。

让我们先来看看房地产业务。新泽西州房地产经纪人珍妮丝·沙特克讲述了一个因为追求"归属感"而失去机会的悲惨故事。

一对中年夫妇在一幢房子里住了20年。20年的贷款已经全部还清，现在这个房子的所有资本价值都属于他们。这个房子是他们最大的资产，许多中等收入的家庭也是如此。孩子们已经长大并离开家，日常开支费用减少，他们终于有钱用来投资了。运气好的话，他们可以迎来富裕的老年生活。

作为朋友，珍妮丝·沙特克告诉他们，卖掉房子是个好主意。他们居住的街道已经显示出经济衰退的迹象。由于各种各样的原因，有几栋房子年久失修。其中两栋房子的房东不在，租给了附近一所大学的一群年轻人，但这不足以维护好这些房子。这条街道开始呈现出一种疲软、破败的景象。

沙特克小姐甚至告诉他们，她认为她可以为他们找到买家。有一位不住在当地的房东正考虑扩大他的地盘，早就在觊觎他们的房子了。那是一栋格局松散的大房子，非常适合用作大学宿舍。她相信他会报出一个合理的价格，并劝这对夫妇趁着还能收到不错的报价，赶紧把房子卖了。

但他们无法说服自己把房子出售。他们解释说，他们在这里已经"扎根"很久了。这栋陈旧的大房子是他们和孩子共同成长的地方，这里充满了回忆。他们不忍心把它当作大学宿舍用。而且，一些老邻居也劝他们不要卖。把一栋私宅改建成宿舍，自己一走了之，把所有问题留给老邻居们，这显得不太厚道。

所以这对夫妇决定继续住下去。但这个社区已经日渐衰落，那些被卖出的房子并没被用心维护。然而也正是那些房子的前主人们，他们都曾认真讨论过归属感，说不会轻易卖掉他们的"根"。

当这对夫妇终于决定把房子卖出去时，一直没有买家出现。即使有想买这个房子的人，报价也远低于夫妇被劝出售时的价格。他们等待的时间越长，价格就可能越低。

有时候你必须在归属感和钱之间做出选择。如果你对金钱感兴趣——这大概也是你研究"苏黎世公理"的原因——那么，让自己过分留恋于自己资本所投资的任何实体就是一个错误。你可以留恋人，但不要留恋房子或社区。

同样，也不要对一家公司产生这种"扎根"的感觉。你可能很难知道什么时候抛售才是明智之举，但至少一定不要让"根"妨碍你。

弗兰克·亨利认识一家小型制造业企业的一个总工程师。这位工程师在几年时间里积累了这家公司大量的普通股和优先股。曾经有一段时间，公司发展势头很好，股价很高，但这并没有持续很久。由于市场的变化，尤其是一些日本竞争对手给公司造成的冲击，公司陷入了艰难的困境。

这个困境导致的结果是众所周知的，股价暴跌。然而，工程师认为问题甚至比人们猜测的还要糟糕：在对自己公司产品与日本竞争对手的产品进行比较后，他发现两方产品在质量上有很大差距。日本竞争对手的产品质量好，价格也低，工程师看不出有什么办法可以克服公司的双重劣势。他认为，竞争迟早会将这家公司推向死亡的边缘。

他本应该卖掉公司的股票，但归属感阻碍了他的行动。

他对这家小公司怀有一种忠诚。公司董事长、首席执行官和大股东发表了许多"永不放弃"的演讲，这些演讲加深了他的这种情绪。董事长是一个无可救药的乐观主义者，他大声宣布，他将继续买入**更多**公司股票，他认为这样做很重要。由于美国证券交易委员会和证券交易法要求该公司公开股东持股份额，因此抛售股票的举动都会被公之于众，这对公司来说是不利的。为维持公司良好的公众形象，他认为，买进更多股票，是自己对公司生存能力和未来前景的信心的体现，也是对公司的忠诚的表达。

工程师也在怀疑董事长的行为是否有任何显著的效果。普通股和优先股价格在稳步下降，股东和员工士气低落，逐渐丧失对公司的信心。是时候离开了。但这位工程师却还是没能放弃，其中一个主要原因是董事长的忠诚姿态。

当一个投资者是一只股票的买方，同时另一个投资者是这只股票的卖方，那么这笔交易其实就是一方从另一方买入。当然，这个交易是通过交易所大厅里的交易商、经纪人和专业人士来操作完成的，但这种撮合交易的效果就像面对面交易一样。因此，工程师有一种不自在的感觉，即当他把他的股票出售时，董事长就有可能从他那里买进。

如果工程师最终把股票全部卖出，董事长就会手握一大堆可能迅速一文不值的股票。不知为何，工程师觉得这样做似乎不厚道。

所以工程师并没有卖出。最后，他和董事长的手里，都只有一堆变得一文不值的股票。

多年后，弗兰克·亨利在参与一桩交易时，与这位前董事长有过短暂的接触。现在，这位董事长拥有一家规模不断扩大的连锁商店，整个人看上去富裕而满足。他兴高采烈地谈到了最近自己在股市里的一些成功操作，其中包括，在一个下跌的市场上通过卖空股票赚了一些钱。显然，他对做空很熟悉——在持有股票前先卖出，价格下跌后，再以更低的价格买入这只股票，从而获利。

就在这位前董事长谈到这一点时，一个微小而邪恶的想法开始在弗兰克·亨利的脑海中萌芽。他想知道，董事长对那家陷入困境的小公司所持的乐观姿态是否是伪装的。

弗兰克·亨利猜测，也许这位董事长和许多精明的逐利者一样，有两个经纪账户：一个是公开的，另一个是秘密的。他用一个账户响亮而自豪地买入这家公司的股票，并用另一个做空它。

但这也只是一种猜想。

次要公理10

如果你注意到了更有吸引力的机会，一定要毫不犹豫地放弃当下乏味的投资。

有很多情况会让你扎根于某一投资活动，从而影响你实现赚钱这个首要目标。其中最常见的一种是，它会让你不确定自己是在进行一种冒险还是在培养一种爱好。

比如说，你收藏了一批稀有的硬币或邮票，或是你在客厅里收藏了很多艺术品。你已经具备了让钱翻倍的前提条件，但现在你又舍不得出售这些东西。你已经对艺术品相当痴迷了，艺术品收藏家让你开始认为不该为了钱而进行艺术品交易。因此，你的收藏品就这样放在家里，连同它们的价值也锁在了家里。与此同时，其他一些好的机会也开始出现——你本可以利用出售这些藏品的资金来大赚一笔。你可能对白银的价格有预感，或者你在某个地区的房地产市场遇到了新的机会。这种情况下，你要怎么办？

此时，你必须决定是否要下注，要冒险。

你可以留恋亲朋好友，但永远不要执着于事物。沉迷于事物会降低你行事的灵活性，降低你采取必要行动的执行力。一旦你"扎根"，你作为一个金钱世界的冒险家的效率就会显著下降。

另一种常见的"扎根"形式是抱有等待回报的心态。比起"冒险或爱好"的困境，这种情况更可能发生在每个人身上。一个人可能会在一个等待的僵局中被困数年，而任凭其他大把的机会从手指间滑走，无力抓住它们。

比如说，你买进了价值1万美元的甲电脑公司的股票。你的目标价位是1.5万美元。但这家公司的股价走势却很平淡，既不大涨也不大跌。年复一年，这些股票就仿佛一条又脏又老的猎犬，只是静静地耷拉着舌头坐在那里。

与此同时，你的目光被乙电子公司吸引。有些消息会让你觉得，在未来一年左右的时间里，乙电子公司取得巨大收益的可能性要高于甲电脑公司。如果你有足够的资金，你可以买进大量的乙电子公司股票，但你没有可用资金了，你的钱全在甲电脑公司的池子里了。

你该怎么做呢？对此，很多人的反应是继续持有甲电脑公司的股票。"我现在不能卖！我要等着我的回报！"

但想想看，如果你有充分的理由相信乙电子公司能更快地带来回报，那为什么不换股呢？不管投资哪一只其实都是一样的，如果乙电子公司同样能带来收益，你又何乐而不为呢？

永远不要因为某项投资"欠"你什么，就一直执着死守。如果一切没有什么进展，而你注意到了更好的投资机会，不妨尝试一下换条赛道。你这样做的唯一损失可能就是支付的佣金而已。如果原始投资的资本价值在你持有它的时间内发生了变化，那么出售的行为将使你承担付出资本利得税的责任，或者相反地，为你赢得申报资本损失的权利。但是，既然我们谈论的是出售一些还没有卖到任何地方的东西，这个考虑可能并不重要。

当然，后悔的可能性是存在的，我们已经在其他公理中研究过了。如果你换股，甲电脑公司换成乙电子公司，当前者，那只疲惫的老猎犬突然活跃起来，沿着陡坡一路攀升时，你会经历许多种不同的后悔情绪。当然，这种情况有可能发生。

但如果你不换股，后悔的可能性也会存在。当你还在耐心地盯着甲电脑公司这只股票时，乙电子公司可能会突然像你猜测的那样猛涨了起来。然后，你又会痛恨自己错失了机会。

无论你怎么选择，后悔的可能性都是一样的。所以，你要仔细想清楚，到底哪种选择最有可能让你迅速获得回报，这是你决定继续投资还是换股的唯一依据。

当你持有一项投资，但被另一项吸引时，你应该问问自己这个问题。不要让自己陷入困境，无论是因为"冒险或爱好"的两难，因为等待回报的停滞不前，还是因为害怕和担心放弃熟悉的东西去追求新的未知的东西（这对一些人来说也是一个问题）。确定你的最佳机会，然后努力去争取它。

投资策略

公理6建议你保持灵活性。它说，许多让你"扎根"的事情往往会断送你的致富之路，比如，念旧的情绪，或是因为等待回报而久久观望。这条公理告诫人们，必须要保持自由，随时准备从困境中跳出来或迅速抓住新的机遇。

这并不意味着你必须像个乒乓球一样，从一项投资跳到另一项投资。你的所有措施都应该在仔细评估了各种可能性之后再实施，而不应该让一些非理性的理由促使自己做出选择。当一项投资明显对你不利时，或当你看到更好的机会时，你就必须斩断这些所谓的"根"，然后离开。

当心，不要让那些"根"长得太粗壮，会难以斩断。

公理

7

关于直觉

如果一种直觉可以被解释，那它就是可信的。

直觉是一种感觉。它神秘，你可能会觉得它像某种知识，但又觉得它不完全值得信赖。作为金钱世界中的冒险家，你可能经常产生直觉，有时还很强烈且持续。遇到这种情况，你该怎么做呢？

如果可以的话，不妨学会运用它们。

虽然给出建议很容易，但执行就困难多了。对许多人来说，直觉很复杂，不容易被完全理解，而且很令人困扰。对此，人们有3种截然不同的处理态度：

（1）嘲笑

许多冒险家故意忽视自己的直觉，嘲笑别人的直觉。他们坚持用事实和类似事实的证据来支持所有的冒险行动。但证据通常是相当愚蠢的，比如图表，以及经济学家的预测。但对这一群体来说，这些证据似乎比直觉更值得信赖。即使他们的直觉强烈表示他们这一步是错误的，他们也经常执意采取行动，"图表显示这样做是对的，所以我会这样做"。

（2）不加区分地信任

还有一些人过于频繁地依赖直觉，而且缺乏足够的怀疑精神。任何难以解释的直觉都会成为他们采取行动的理由，即使对形势进行理性分析可能会产生完全不同的想法。这些人会骄傲地说："我相信自己的直觉。"但他们忽略了一点，那就是一些美妙的直觉往往会导致不幸。

（3）区别使用

这就是苏黎世的方法。背后的逻辑是这样的：直觉可能是有用的。对于这种潜在价值巨大的金钱世界冒险工具，仅仅因为其中一些很愚蠢就摒弃了所有，这样的轻蔑似乎是一种遗憾。另一方面，有些直觉确实不值得理会。这其中所包含的挑战在于辨别哪些直觉值得你关注，哪些不值得。

∴ ∴ ∴

所以第一步就是要弄清楚直觉到底**是什么**。这个古怪的、仿佛一种知识的东西是从哪里来的？

事实证明，它并没有看上去那么神秘。有人会用"超感知觉"或"神秘力量"来解释直觉，但这些说法都不是很贴切。直觉完全是一种普通的心理现象。当你有一种强烈的直觉，比如"我认为这家公司的问题比它们表现出来的还要严重"时，这个结论很可能就是基于你脑海中某个地方储存的真实而可靠的信息。令人困惑的是，**你并不知道自己拥有这些信息**。

这可能吗？当然。这是一种日常的心理现象。芝加哥大学心理学家尤金·詹德林博士（Dr. Eugene Gendlin）花了多年时间研究这个问题。他指出，直觉是人类一种普遍的经验。我们总会知晓一些事情，但同时又不知道自己是如何知晓这些事情的。

詹德林博士指出，每天你会获取大量信息，这些信息比你能意识到的和你能回忆起来的还要多。它们大部分都储存在你的潜意识中。

比如，想想某个曾在你的生活中扮演了重要角色的人。你可能没记住这个人的详细特征，比如棕色的头发，蓝色的眼睛，喜欢中国菜，等等。但这些年来，你的大脑已经存储了关于这个人的海量数据，比你这一生能列出来的还要多很多。一旦你想起这个人，这个人就会完整地出现在你眼前。你对这个人的所有想法和感受，以及与他有关的经历，都会突然神秘地从那个不太为人所知的庞大资料库中被调取出来。

想象一下在街上遇到这个人，你马上就会知道这是谁。无需思考，就能立即以适当的方式做出反应。但如果我问你是如何认出这个人的，你的确切线索是什么——鼻子的形状？还是走路的方式？你可能说不上来。你知道你认识这个人，但你不知道你是怎么知道的。

同样，如果这个人给你打电话，你立刻就能辨认出这个声音。为什么？你是根据哪条线索？你同样说不上来。如果你试图向我描述那个声音，以便我也能认出这个人，你会发现这个任务是很难完成的。这些信息就在你的大脑的某个地方，但你不知道它到底是什么或者它具体在哪里。

直觉就是由这些信息组成的。好的直觉就是知晓某件真实会发生的事，但你又不知道自己是如何知晓的。

例如，一位在新英格兰地区从事房地产投资的女士告诉我，一种直觉曾在她睡梦中出现。她在缅因州翻修了一栋非常古老的海滨别墅，一直想把它卖掉，但一直没有等到她期待的报价。有一个人给了她一个可以接受的价格，但远未达到她的预期，于是她选择继续观望，而且相当有信心。

之后，在一个下雨天的黎明前，她突然完全清醒过来，发现自己被一种强烈的、坚定的直觉攫住了，她认为自己应该接受这个报价。直觉告诉她，缅因州海岸的老房子市场马上就要疲软了，甚至有可能崩盘。她不知道自己是怎么知道的。但她就是知道。

但她不敢相信这种直觉。她一时不知所措：她看不到直觉的来源。

我和她谈过这件事。她的第一个倾向是嘲笑这种直觉，希望它会消失。但后来我们都开始认识到，它很可能是基于可靠的信息。

毕竟，她早就把研究缅因州沿海地区的经济作为自己的工作，因为地区经济会对房地产行业产生影响。她订阅了几份当地报纸，加入了一个房地产业主协会，经常与房地产经纪人以及其他有识之士交流。她还随时关注国内外大事。此外，她还是《商业周刊》的读者。因此，可以说，她掌握了大量有关缅因州海岸一幢房子售价的数据。

然而，这些信息有相当一部分储存在她的潜意识里。事实上，可能大部分都是。而她能完全意识到的那部分，只是能看得到的那冰山一角。

我们可以得出结论：这种令人困惑的直觉，是数据在那个庞大的非意识数据库里出现联系时产生的。事实就像一块块拼图，不知不觉地聚集到了一起。也许，这些被遗忘的小数据包括：一些她读过的信息，她在某次会议上无意中听到的一些事，几个月前某位房产经纪人说过的一些话。当所有这些资料聚集在一起时，就形成了一种直觉：断定缅因州海岸的房价即将下跌。

她决定相信自己的直觉，接受了当时最高的报价。仅仅过了一个月左右，事实就证明，她做出了一个明智的决定。她接受的那个报价可能是最高的了。

∴ ∵ ∴

现在我们可以理解公理7的含义了：直觉如果可以被解释，那我们就可以相信它。

一旦你产生一种直觉，你要做的第一件事就是问问自己，脑海中是否有足够的相关数据库能让你产生这种直觉。虽然你无法确切地知道相关的数据可能是什么，但你可以判断它们是否有可能存在。

如果你有关于缅因州海岸的房地产的直觉，那就问问自己，你是否真正研究过这个市场，你是否一直在关注价格走势。如果你有关于白银价格的直觉，那你要问自己是否真的已经获取了大量有关白银的知识，是否足够了解白银与其他经济活动复杂的相互关系。如果是对某个人的直觉——"这个家伙想骗我"——那你要想想自己是否对这个人足够熟悉，是否曾对这个人的性格进行过足够深入的了解？

直觉必须接受如此严格的检验，因为有时我们会发现一些直觉并非基于确凿事实，而是凭空想象。它们的来处无从得知；它们就像梦一样，无法捕捉；它们毫无意义，也毫无方向。它们只是大脑自娱自乐的产物罢了。

一天早上，你在看报纸时偶然发现一篇小文章，内容是关于甲电脑公司新总裁上任的。突然间你产生了一种直觉，认为这位新上任的总裁将带领这家公司再创辉煌。他会占领整个市场！他会动摇**IBM**的地位！甲电脑公司的股价会像火箭一样飙升！

但在给你的经纪人打电话之前，先检验一下这个美妙的直觉。你的内心独白可能是这样的：

"好了，朋友，让我们冷静地看看这件事。你对甲电脑公司了解多少？"

"嗯，偶尔我会读到一些关于它的消息，听起来它是一家不错的公司。"

"但你对它做过专门的研究吗？是否真的追踪过它的股价？"

"没有，我没有研究过。"

"那这位新总裁呢？你对他很了解吗？"

"嗯，不完全了解。"

"事实上，你以前从未听说过他，对吧？那么，是什么让你对他充满信心呢？"

"嗯，报纸记者似乎认为他是一个稳健可靠的人。"

"记者之前可能也从未听说过他。那篇文章中，可能有一半内容直接来自该公司发布的新闻稿。所以你真的认为自己的直觉有足够的数据支持吗？"

"哦，好吧——"

"来吧，朋友，我们去喝点啤酒，忘掉这个想法吧。"

当然，这种检验并不能保证我们永远不会出错。即使是看起来非常可靠的直觉也有可能是错误的。反过来，不知从何而来的直觉也可能是对的，就像任何疯狂的猜测一样。但这个检验过程可以增加你成功的概率，让你从那些蔑视直觉的人群，以及那些不加区分地依赖直觉的人群中脱颖而出。与前者相比，你更有可能根据良好的直觉采取行动；与后者相比，你有更强的辨别力，能摒弃不可信赖的直觉。

不过，无论你做什么，都要遵循其他公理。不管直觉有多美好，都不要让它带你陷入过度自信的状态。要保持怀疑态度。直觉可以是一种有用的冒险工具，但它不应该成为人们长期追求的百分百正确的决策公式。正如我们之前指出的，不存在永远正确的公式。

次要公理11

永远不要混淆直觉与期望。

当你非常想要某件东西的时候，你可以轻易地说服自己相信将来一定会美梦成真。这一人类心理现象很常见，比如孩子们梦想在圣诞节得到礼物，以及金钱世界的冒险家梦想赚到很多钱。

你可以参观一个小镇的艺术展，并买几幅没有名气的画家的作品。当你把它们带回家时，你会发现自己并没有想象中那么喜欢它们。事实上，它们相当奇怪。这时，你内心传来一个讨厌的声音，它在告诉你，你可能浪费钱了。但这些哀鸣般的话语很快就被一种强大的直觉淹没了：总有一天，这些画作会得到应得的认可！并且会受到各地收藏家的追捧！伟大的博物馆都会为这些画竞价！

这种直觉值得信任吗？或者仅仅是期望？

我个人的原则是：每当预感到自己期望发生的事情将会发生时，一定要保持高度怀疑的态度。这并不意味着所有这些直觉都是错误的，而是意味着人们应该格外小心地检验这些直觉，并加倍警惕以防出现问题。

相比之下，我更倾向于相信一个指向我不想要的结果的预感。如果我买了一些画，并产生了一种直觉，认为这些画作永远也不会被认可（如果我的艺术知识渊博到足以产生这种直觉），我会把它们快速转卖掉。

公理 7 │ 关于直觉

投资策略

公理7指出，对直觉嗤之以鼻或不加区别地信任，都是错误的。虽然直觉并非万无一失，但如果对它保持谨慎和怀疑的态度，它也可以成为一种有用的工具。直觉并不包含什么神秘或超自然的东西，它仅仅是一种完全普通的心理现象：一个人知晓了某件事，却不知道自己是如何知晓的。

如果你有一种直觉，认为自己该投入金钱去做某件事，"苏黎世公理"建议你先仔细检验一下这个直觉。只有在你能解释清楚的情况下，也就是说，只有在你能在脑海中找出相关数据库，进而合理地推断出你的直觉时，你才应该相信它。如果你没找到这样的数据库，那就不要去理会这个直觉。

与之相关的次要公理11最后警告说，直觉很容易与期望混淆。所以你要特别小心那些看起来能带给你想要的结果的直觉的闪光。

公理

8

关于神秘主义

上帝对宇宙的计划不太可能包括让你变得富有。

当我还是个孩子的时候，一位新教牧师时常到我们家来吃饭。他和弗兰克·亨利在苏黎世湖南岸的小城瓦登斯维尔相识。牧师年轻时移民到了美国，现在是新泽西州某个小教堂的牧师。

一天晚上他兴致勃勃地说，上帝赐给他的教会一个很好的机会。他的教会里有一个上了年纪的教友，准备搬到更暖和的地方去。因为这样或那样的原因，这位教友希望能尽快搬走。在搬走前，他想出售一块位于城镇边缘未开发的土地，这块地约60多亩大。他多年前就买了这块土地作为投资，但从未用它做过什么。现在他想在搬走之前把土地转给教堂，作为临别礼物，并提出以当年的支付价格出售它。

牧师对此非常激动。他的教区一直没什么钱，这或许是一夜之间大赚一笔的机会！整个城市的房地产价格都在飙升，而这名教会成员的土地所在区特别受欢迎。教会可以转卖土地获得即时利润，也可以等修完一条或两条路后，将土地划为4块分开出售，以赚取更多利润。最后，牧师高兴地说，教区终于有钱可以去做所有需要做的善事了！

弗兰克·亨利说他很高兴听到这个好消息。他补充说，这个好消息听起来似乎好得令人难以置信。他表示，根据他的经验，天降横财和确定无疑的事情通常到最后会被证明是陷阱。金钱世界里的业余冒险家总是会掉进去，然后奋力爬出来的时候却发现口袋空空。

"呸！呸！呸！"牧师说，这是上帝的礼物。有时上帝惩罚我们，有时也奖

114

赏我们。我们不该问这么多问题。我们只需要欣然接受上帝的馈赠就好。牧师显然并不担心。

∴ ∵ ∴

弗兰克·亨利和我很久以后才听到这个故事的结局。在牧师的敦促下，教会投票决定购买这块土地，并成立了一个委员会来研究如何处理它。委员会决定，最好的选择是将其划分成几块后单独出售。委员会主席和牧师去市政厅申请所需的许可证，在那里他们会见了当地的建筑检查员。牧师说，建筑检查员告诉了他们一个坏消息。

他说，那块土地有一些麻烦。表面上土地看起来足够干，但在地面下几米深处，简直就是一片沼泽，安置进去的污水处理系统都没法正常工作。多年来，不止一位业主想要开发这个地方，但市政府一直都不同意，除非安装一个造价惊人的排水系统。这就是它一直未开发的原因。

教堂被骗了。

正如弗兰克·亨利所说，这个故事的寓意是，你不可能因祈祷而致富。实际上，如果你在祈祷的时候脑子里想着钱，你就更有可能变穷。如果你想依靠上帝或任何其他超自然的力量或机构给你带来财富，你很可能会放松警惕，被幻觉蒙蔽了双眼。

公理8并不会讨论上帝是否真的存在。无论你离开这世界时是富有还是贫穷，这个至高无上的存在都不会对此关心分毫。事实上，许多宗教都曾多次提到过，要成为一个合格的教徒，你最好保持贫穷。（亚伯拉罕·林肯曾经说过，上帝一定特别爱穷人，因为他创造了许多穷人。）因此，就公理而言，无论你是虔诚的宗教人士、无神论者还是介于两者之间，其实并没有区别。无论你的信仰是什么，对上帝或者其他超自然力量的依赖心理都不应该投射到你的冒险决策中。

正如依靠预测或秩序幻觉一样，依靠这种超自然力量会产生相同的结果。它会让你进入一种危险的无忧状态。神职人员们总是劝告人们说，不应该为金钱祈祷，但很多人还是这样做了。就算他们没有对具体的财务结果进行直接祈祷，他们也会认定自己是某种财富保障的受益人，并愉悦地笃信："上帝会保佑我。"

别指望了。上帝可能会为你做很多事，但有一件事上帝显然不关心，那就是你的银行账户余额。这是你自己的事情，跟上帝无关。

∴ ∵ ∴

我们在研究另一条公理时曾提到的杰西·利弗莫尔，他并不依靠上帝，而是依靠另一种来自其他力量的帮助。这可能在很大程度上促成了这位传奇人物的最终陨落。他的故事值得我们研究探讨。

利弗莫尔出生于马萨诸塞州的一个农场，家境贫寒，但他很早就立志成为富人。他于1893年来到了波士顿，在一家证券公司找到了一份工作。当时，电子显示设备尚未发明，敏捷的年轻职员需要在梯子上匆匆忙忙地走来走去，把股票报价写在巨大的黑板上。这是利弗莫尔的第一份工作。随着工作经验的积累，他培养出了一种在他朋友们看来几乎不可思议的能力：能够猜到股票价格动向。

这种能力无疑是良好的直觉和运气的结合，但有些人却说这是异常强大的"预知力"或是其他神秘的能力。利弗莫尔从来没有完全接受这种对他的成功的解释，但也从来没有完全否认过。他一生都在怀疑这种说法的真实性。弗兰克·亨利认为，如果利弗莫尔没有陷入关于神秘能力的纠结，他的处境会好很多。

在做了几个月的小职员后，利弗莫尔开始根据自己对价格的预测进行下注。他选择了一种对赌机构，在波士顿和其他城市都很常见，被称为"对赌行"（bucket shop）。

对赌行以其最离奇、最夸张的形式宣扬"股市赌博"。在对赌行中，你不会实际买入卖出股票。相反，你只需要对股票价格走势下注。这纯粹就像是赛马，对赌行从中捞利。要想赢，不仅需要十足的运气和良好的直觉，还需要牢牢掌握我们一直在研究的其他技能：什么时候止损，如何确认离场点位，等等。

而这些技能，杰西·利弗莫尔发现自己都具备。他是天生的金钱世界冒险家。他从微薄的工资中省下了一些钱，从最微不足道的小钱入手，很快积攒了超过2500美元的资金，对于当时的年轻人来说，这是一笔巨款。他的技术已炉火纯青，但由于不断地赢钱，他被当地一家又一家的对赌行禁止入内。

他只好带着钱去华尔街打拼。在那里，他很快确立了自己的地位——成了华尔街最聪明的冒险家之一。不到30岁的时候，他就已经声名鹊起了。

杰西·利弗莫尔拥有一头金发，一双冰蓝色的眼睛，无论他走到哪里，都吸引着无数女性和新闻记者。他结过3次婚，在美国和欧洲的公寓和酒店里包养情妇，与一群小人和奉承者为伍。在纽约，他每走到一个街区，几乎都会被一个想寻求投资建议的人拉住。他接受拍摄和采访时都表现得很好，看上去和听上去都像一位信念坚定的人。但在内心深处，他一直被关于"预知力"的问题所困扰。

他不知道自己是不是有能预知未来的超能力。许多报纸和杂志文章都认为他有，他的奉承者也会跟着附和。利弗莫尔有时可能会认同这一点，但在其他时候，他又会觉得这都是无稽之谈。

他确实有些惊人的运气，这种好运似乎成了他有"预知力"的证据。1906年的一天，他信步走进一家经纪商的办公室，说他想做空联合太平洋公司

（Union Pacific）的股票。经纪人很困惑。做空联合太平洋？这么做简直是蛮干。牛市正在形成，联合太平洋是当时市场里最热门的成长股之一。绝大多数冒险家非但没有做空，反而贪婪地不断买入呢。

但利弗莫尔坚持做空。他给出的唯一解释是，他预感到当前价格太高，马上就要"调整"了。第二天，他回到经纪人办公室，又卖空了一些这家公司的股票。

又过了一天，也就是1906年4月18日，旧金山遭遇了一场大地震。联合太平洋公司的数百万美元财产，加上巨大的潜在收益，全部消失在了废墟下。公司的股票价格像石头下落一样跌了下来。杰西·利弗莫尔从中赚了30万美元。

这样看似不可思议的事情，只要在风险的池子里浸泡够久，就会发生在任何人身上。每一个冒险家都有类似的故事可以讲述。这样的事肯定也会发生在你身上，但它们并不能"证明"什么，只能证明随机事件会四处乱窜，它会伤害一些人，也会造福一些人，但它从不在乎对象是谁。在旧金山大地震之前，杰西·利弗莫尔肯定不是唯一一个做空联合太平洋的人，也不是唯一一个在大灾难中以某种方式获利的人。但其他许多人不太可能因此就认为自己拥有一种能预知未来的超能力，他们只会觉得自己只是运气好。利弗莫尔也很幸运，但人们给他贴上了"能预知未来"的标签，而联合太平洋这个故事更强化了这个标签。

在他的一生中，有好几次他都认真地试图摆脱这一标签，特别是他的运气或"预知力"抛弃他的时候。当他破产或即将破产时，他似乎意识到自己过于依赖想象中的预见未来的能力了，然后他会试图说服自己和其他人相信：决定他成功的，是他坚实的投资基础，而非某种超能力。

他最后一次做出这样的努力，是在1940年。利弗莫尔在1934年破产了，之后又筹集了一点钱，然后又一次处于破产的边缘。为了证明自己的操作是通过理性思考而非魔法进行的，他写了一本奇特的小书。这本书于1940年出版，书名为《股票大作手操盘术》(*How to Trade in Stocks : the Livermore Formula for Combining Time Element and Price*)。

这类书可能会受到欧文·费雪教授的称赞。费雪在1929年走上了破产之路，因为他自认为看到了股市中的模式。而这本书是对模式的赞美，它包含了关于"关键点"和"第二反应"之类的图表和说明。

这简直是胡说八道。任何试图按照这些指示跑赢大盘的人，最终都会非常困惑，甚至破产——当然，除非这个人运气足够好。这本书证明不了什么，除了利弗莫尔当时想摆脱"能预知未来"这一标签的强烈愿望。

或许，他曾试图发明一种融合了图表和"预知力"的系统，但这可比他单独依靠其中一个更糟。1940年年末的一个下午，杰西·利弗莫尔走进纽约的雪莉荷兰酒店（Sherry-Netherland Hotel），喝了两杯老式酒，走进男洗手间，然后自杀身亡。

∴ ∵ ∴

当然，我们永远不可能确切地知道一个人为什么选择结束自己的生命。即使那个人留下了字条（利弗莫尔没有这么做），我们也总止不住继续刨根问底。杰西·劳伦斯顿·利弗莫尔是一个复杂的人，有着复杂的人生。可以想象，他的自杀是由我们一无所知的问题引发的。"有20个不同的利弗莫尔。"弗兰克·亨利悲伤地说，"我只认识其中一个。"

不过，股市中遇到的困难似乎确实是压倒他的麻烦之一，但在股票市场中乘风破浪是他一生中最大的嗜好。当他在雪莉荷兰喝完最后两杯老式酒的时候，他的财务状况已经第4次陷入混乱了。这是他第4次面临一个痛苦的事实：他的方式也会出错，他的"预知力"远不及他想的那样有用。如果他是依靠那个所谓的预言天赋的话，那他肯定失望了。

这并不是说你会有杰西·利弗莫尔那样的悲惨结局。利弗莫尔的故事只是一个不同寻常的特殊例子，是某些神秘信仰阻碍了他的思辨能力。虽说依赖这样的信仰可能对你的健康不会造成危害，但会让你的金钱遭受损失。

次要公理12

如果占星术灵验，那占星家们早就都发财了。

这个次要公理看似是讨论占星术，其实只是因为在美国和很多西方国家，占星术是最流行的神秘学说之一。最近盖洛普（Gallup）的一项调查显示：有3200万美国成年人相信占星术，还有更多人偶尔会阅读报纸和杂志上的占星术相关文章。巫术和塔罗牌等其他神秘学说的信徒较少，但次要公理12对它们提出的质疑和对占星家们提出的在本质上是一样的。

该次要公理提供给我们的思路是这样的：如果你被占星术或其他一些神秘学说所吸引，只要你通过各种手段，尽你所能深入地领悟它的内容和理念，你就可以驾驭它，让它成为你生活的一部分——用它做你想做的事情。但在你试图用它来帮助自己赚钱之前，你必须先自助。看看身边那些神秘学说的追随者，尤其是那些自称是该领域"导师"和"大师"的人——你先问自己一个问题：他们富有吗？

如果他们不比任何其他群体更富有，那么你就应该能得到一个结论。无论某种神秘学说在平静内心或其他方面会对你有怎样的帮助，它都不会让你的银行账户里的金额变多。

你会发现，占星家和占星术的追随者作为一个群体并不比其他任何群体更富有。塔罗牌、灵能或任何其他神秘学说或伪科学的追随者也没有比其他人更富有。说到赚钱，他们肯定都像其他人一样在黑暗中跌跌撞撞。他们有些人很富有，有些人很穷，大多数人都介于两者之间。几乎所有人都想变得更富有。

换句话说，他们跟普通人没有什么不同。

一些神秘学说的"大师"会告诉你，他们的工作不是帮助你致富。然而，他们中的许多人也很可能会许诺，在你的致富道路上给予你帮助。你在报纸和杂志上读到的大多数星座运势便是如此，比如"6月3日至10日是双鱼座投资的好时机"。

如果你要求这些神秘学说的追随者拿出证据证明通过他们所说的方式可以赚到钱，他们通常还真的会找出一些证据。也正是这一点，让这些学说具有危险的吸引力。就像我们在公理4中研究的一样，每一个神秘学说追随者都能想出至少一个关于好运降临的故事。有些故事确实令人吃惊。如果你的朋友或邻居是神秘学说的追随者，你可能会听到一大堆这样的"证据"，然后你甚至可能会想，"也许吧，也许是真的"。此时，你一定要坚持自己的怀疑，看好你账户里的钱。你听到的故事都会像杰西·利弗莫尔在联合太平洋股票上的冒险一样精彩，但这些故事并不能证明某种神秘力量可以帮你赚得盆满钵满。它们只能证明：任何在金钱世界中冒险时间足够长的人，迟早会在看似不可思议的情况下"击中靶心"。

我自己也有过这样的经历，是跟塔罗牌相关的奇特经历。

我对塔罗牌产生兴趣是在许多年前，当时一本杂志邀请我写一篇关于纸牌游戏历史的文章。事实证明，我们现在玩的扑克牌是由塔罗牌演变而来的。塔罗牌是专门为预测未来而设计的，而不是为娱乐设计的，但它引起了我的注意。我对塔罗牌已经有了初步的了解，它可以使沉闷的聚会活跃起来。

在研究塔罗牌的过程中，我不可避免地听到了一些关于钱的故事。其中一个故事，是华尔街主要期货交易商戈尼克公司（Godnick & Son）的高管给我讲的。

如果你对这些风险极高的投资工具不熟悉的话，我们先来解释一下。看涨期权就是赋予你在未来一段时间内以约定价格买入股票的权利。当你相信一只股票会上涨时，你买入看涨期权。如果它真的上涨了，那你通过购买看涨期权所赚的钱会比持有股票本身所赚的要多很多。另一方面，如果价格下跌，你马上就会失去投进去的所有钱。（看跌期权则正好相反，它赋予你在未来一段时间内以约定价格卖出股票的权利。在此，我们不讨论看跌期权。）

一天，一个衣衫褴褛的男人走进戈尼克公司在贝弗利山的办公室，说他想购买控制数据公司（Control Data Corporation）的看涨期权。他带着一张略低于5000美元的支票，开户行是当地一家储蓄银行。他显然刚刚注销了一个储蓄账户。戈尼克公司在加州的经纪人马蒂·特雷斯勒通过各种线索推断出，这些钱应该就是这个人的全部财产。鉴于此，特雷斯勒问了这位陌生顾客一些该注意的问题。

特雷斯勒想知道，他确定要拿全部钱去冒险吗？那人说，是的，他很确定。所有钱都用来投资股票吗？是的。但为什么是控制数据公司呢？当时，该公司在华尔街并没有引起太多关注。人们认为这家公司有许多严重的问题，需要数年时间才能解决。该股当时的交易价格在30美元左右。典型的冒险家对控制数据公司的反应会是快速地看一眼，然后说："嗯，或许有一天它会变得很不错。也许明年我还会再看一看。"

但这位客户非常确定控制数据公司就是他想要的投资对象。特雷斯勒继续询问原因。这个人终于含糊不清地说了些关于塔罗牌的事。

他从塔罗牌中得到了提示。忍着把他赶走的冲动，特雷斯勒和他争论起来。但这个人依然不为所动，坚持要把所有积蓄都用来买入控制数据公司的看涨期权。特雷斯勒不情愿地接受了他的5000美元，并祝他好运。

6个月后，由于一些不可预见又无法解释的原因，控制数据公司成了当时最热门的个股之一，交易价格超过100美元。特雷斯勒的那位奇怪客户又来了，说他想从他的看涨期权头寸中套现。特雷斯勒递给他一张略高于6万美元的支票。这个人在半年内让自己的钱翻了十几倍。他离开了办公室，之后，戈尼克公司的人再也没有见过他。

很神奇吧。但故事还在继续。接下来是关于我自己的故事。

前面我所讲的这个故事是一天晚上我在华尔街一家酒吧吃晚餐时从伯特·戈尼克（Bert Godnick）那里听到的。我带着一种特殊的个人兴趣听着，因为碰巧我自己也拥有几百股控制数据公司的股票。

我没有马蒂·特雷斯勒的"塔罗牌客户"那么有先见之明，没有以30美元买入。当人们对这家公司越来越看好时，我以大约60美元的价格买入，而且我有预感它会涨得更高。这种预感被证明是正确的。价格继续急剧上涨。在我与戈尼克会面的那天，它猛涨了几个点，刚好涨到我设想的要卖出的点位上，也就是120美元。

我们谈到了塔罗牌和控制数据公司。当我告诉戈尼克我打算在股价达到120美元时卖掉它时，他并不认同。作为一名经验丰富的冒险家，他完全懂得如何在最佳时机卖出，但他认为，在这个时候，我应该再等等。他的预感是，这只股票的热度还会持续几个月。他认为，控制数据公司的股价还能更高。我们讨论过这个问题。最后，他开玩笑地建议，如果我不确定该怎么办，就应该求助一下塔罗牌。

为了好玩，我第二天就这么做了。

从塔罗牌上获得"指导"有几种方法。其中一种方法，是问一个具体的问题："我该如何处理这件或那件事？""这个或那个的前景如何？"然后你按照规定的方式洗牌，把牌摊开，研究它们。你可以从卡片出现的顺序以及卡片正面的图案的正逆位分析出关于你提出的问题的相关信息。（与现代扑克牌不同的是，塔罗牌分"正位"和"逆位"，即卡片正面图案是正着的还是颠倒的。）

我带着关于控制数据公司的问题进行了操作。塔罗牌的答案通常都是模棱两可的，会有很多"也许……但另一方面……"。而让我惊讶的是，这次我得到的答案竟然一点也不模棱两可。它认为，控制数据公司的未来非常光明。我从来没有见过塔罗牌会显示出如此笃定的预判。

弗兰克·亨利为此笑话过我。在这之前，我从来没有在财务问题上受到过神秘学说的影响。在此之前及之后，我只有很少几次违背了自己的承诺——在达到预期点位时退出游戏。但这次我听信了塔罗牌。股票价格达到120美元，我没有卖出，而是选择继续观望。

为自己辩护时，我会说，我没有听信塔罗牌的预测，我正保持着一种健康的忧虑状态，准备在麻烦一出现时，就马上离场。但在连续几个星期的时间里，这只疯狂的股票一路攀升，上涨到了155美元。

我真的慌了。当到达了一个预期价位却没有离场时，你会觉得仿佛有一条巨大的橡皮筋在试图把你拉回来。你跑得越远，它就拉得越紧。当股价达到155美元时，我又看了看塔罗牌。

这一次的结果是极其糟糕的。塔罗牌显示，急剧的变化和可怕的不幸就在前方。我立刻就做了一直想做的事：卖出。

该股一度挣扎至160美元，随后暴跌。对仍在投资的人来说，这是一场灾难。一波又一波的卖出指令敲打着股价，每一波都会触发下一波。大约9个月后，市场恐慌消退，股价变成了28美元。

塔罗牌救了我！

但真的是这样吗？最终我恢复了理智。事实上，没有任何证据表明我的好运是由任何魔法带来的。所发生的一切都只是因为我自己偶然碰上了好运。

如果我将来在类似情况下还要依赖同样的运气——甚至只是抱有这样的希望——那就真的太愚蠢了，这可能会直接导致我陷入财务困境。了解到这一点，我很快从神秘的秩序幻觉中退出了，这种幻觉几乎让我无法自拔。我放下塔罗牌，发誓，除非是在聚会时单纯娱乐一下，否则我再也不玩了。我遵守了誓言。随着时间的推移，塔罗牌对我已经没有任何吸引力了。如今，我甚至都不记得那副麻烦的纸牌放在哪了。

次要公理12告诉我们，如果占星术灵验，那么所有的占星家都会发财，塔罗牌信徒也是如此。任何人都有可能幸运地赚上一两笔。但对于任何被吹捧的赚钱方法的最好检验，就是看它是否持续有效。如果在控制数据公司的这场冒险之后，我还对自己拒绝寻求神秘帮助的正确性抱有疑虑，那么这些疑虑一定很快就烟消云散了。

有一次，在纽约，一位自称塔罗牌大师的人邀请我与他共进午餐。他的主营业务是提供塔罗牌占卜服务，同时也出售纸牌和说明书。得知我正在考虑就这个话题写些文章时，他看到了一些宣传的机会。我觉得这没问题，他也是个有趣的家伙。他曾向我保证，塔罗牌是实现个人财务目标的最佳途径之一。

午饭后，服务员拿着账单走过来。塔罗牌大师好像没注意到一样。最后我接过了账单。他笑着说："我们可以把它记在你的报销单上吧。"事实上，当时并没有人会为我报销这类费用。但就这样吧。

在外面的人行道上，事情变得更有趣了。这位塔罗牌大师向我解释说，他遇到了"暂时的现金问题"，还向我讨了5美元车费。

之后，我再也没见过他，更别说那5美元了。但我并没有为这点钱伤心，就当交学费了。

次要公理13

对于一些无伤大雅的"小迷信"，就泰然处之吧。

我们大多数人多多少少都会有一点迷信。即使我们不是某种神秘学说的信徒，我们仍会佩戴护身符，或者对数字13抱有一种厌恶。正如我们所看到的，任何神秘学说或迷信都会给想致富的人带来危险。

但如果你确实有一些无伤大雅的带有一点迷信色彩的习惯，也不必费力地将其从你的生活中抹去，因为这么做往往是徒劳。如果你不喜欢从梯子下面走，那就不从下面走。与费力戒除相比，你更需要做的可能是去了解这类"小迷信"会如何以及何时在你的财务生活中合理地发挥作用。

这个作用可能是次要的，甚至是微不足道的。但如果你喜欢这个有些神秘的习惯，你至少可以把它当作宠物来看待。

在下文中，我将不时使用"迷信"一词。在这里，"迷信"指的是并非所有人都认同的超自然信仰。

将小迷信运用于你的财务生活不是不可以，但前提是你必须做到这两点：用轻松幽默的心态使用它；保证只在一个不需要进行理性分析的情况下使用它。必须做到这两点，否则后果很严重。

举个例子：在彩票或抽奖游戏中选择一个数字。这时，数字和数字没有差别，也没有分析和思考的必要，因为再多的思考也不会让你比其他玩家多一些优势。结果完全取决于运气。我们已经注意到，在许多投资领域，如股票市场，虽然运气也发挥着巨大的作用，但至少你有机会去进行思考和努力争取投资优势。然而，在选择数字的游戏中就没有这样的机会。

然后怎么办？你能做的只有一件事，那就是放松，别太认真，面带微笑——永远不把这种迷信当回事是很重要的。

来自新泽西州希尔斯代尔的查理·凯尔纳，在这方面就做到了极致。他把钱投在房地产、餐馆等项目上，他从不让神秘学说搅乱他的算盘。但当他玩新泽西数字游戏时，他提到了他求助的对象：梦。他需要在梦中得到的提示。他自己也觉得很奇怪。

新泽西数字游戏是个猜三位数数字的游戏，花50美分，如果你赢了，你可以得到500美元。在一段时间内，凯尔纳玩这个游戏一直没有赢过，直到有一天晚上，他做了一个关于鬼屋的梦，梦里出现了283号这个门牌号和其他情节。凯尔纳醒来时发现这个门牌号还停留在自己脑中。他不知道为什么。这个数字对他来说没有任何意义。然而，只是为了好玩，他在那天的游戏中押了283，赢了

500美元。

没过几个星期，他又做了一个梦，这次是关于他母亲的。本着同样轻松的心态，他第二天把钱押在他母亲曾经住过的一所房子的门牌号上。这个号码也让他赢了500美元。

"他是'三位数梦想家'。"凯尔纳的妻子开玩笑说，"我要给他服安眠药。他睡觉时每小时挣的钱比醒着时多许多。"

查理·凯尔纳对自己的"梦中预感"很感兴趣，但这种预感只会在他的财务生活中扮演最不重要的角色。他只有在用自己的钱玩游戏的时候，以及在不需要进行理性思考的情况下，才会让这种预感发挥作用。

他不是一个迷信的人，也不相信自己真的拥有一种神奇的能力——能在梦中预知未来。但即便他真的对此抱有一丝侥幸心理，他的经济状况也不会受到多大影响。因为他只会在正确的时间以正确的方式运用这种小迷信。

公理 8 ｜ 关于神秘主义

投资策略

现在让我们回顾一下公理8。关于金钱和神秘学说，它提出了哪些建议？

它告诉我们，从本质上说，金钱和神秘学说会形成一种危险的爆炸性混合物，所以你要把这两者隔离开来。没有证据表明上帝对你的银行账户有丝毫的兴趣，也没有任何证据表明任何神秘学说或实践能够为信徒带来持续良好的财务结果。人们偶然的"击中靶心"总是能引起很多关注，但这除了能证明他们运气好之外，其他什么也证明不了。

期待上帝或超自然力量的帮助不仅没用，而且很危险。这样做会让你进入一种无忧无虑的精神状态——正如我们所看到的，这对投资者来说不是一个好状态。在处理你的财富时，你要完全靠你自己。除了你自己的聪明才智，其他什么都不值得依靠。

公理

9

关于乐观与悲观

乐观意味着期待最好的情况发生，
而信心意味着知道如何处理最坏的情况。
如果你只是乐观，就不要采取行动。

乐观一直被视为一种很好的品质。乐观的人拥有快乐的灵魂，可以度过很多情绪低落的时刻。在20世纪30年代的大萧条时期，美国有一个全国性的乐观主义者俱乐部，其吸引人的信条是，只要人们相信他们自己正在变好，事情就会变好。一段时间之后，大萧条确实过去了，一些乐观主义者说："看到了吗？它奏效了！"也许乐观主义确实发挥了作用——在第二次世界大战的"帮助"下。但是，如果涉及你个人的财务生活，你最好小心乐观主义在其中发挥的影响。

对未来抱有美好的希望和期待，不会给你带来任何伤害。"我要学习。我会做得很好。我要完成它。"事实上，如果没有这种基本的乐观情绪，一个人怎么可能成为金钱世界的冒险家呢？但在投资时，要特别警惕乐观情绪，因为它可能会成为一种危险的心理状态。

职业玩家都知道这一点。这是他们掏空业余玩家口袋最有效的工具之一。

在扑克游戏中，如果一个职业玩家发现胜算不大，他便不会继续下注，他会弃牌。这意味着他必须放弃他之前投入的所有，但这样做能让他免于更大的损失。

在同样的情况下，业余玩家却会被乐观情绪带着走。"也许我会很幸运，"他想，"也许我会抽到好牌……也许桌子对面的那个家伙是在虚张声势……"

当然，业余玩家偶尔也会遇到好运。所谓的"可能性不大"的事确实会发生。一个业余玩家一旦赢了一局，疯狂的乐观情绪往往会延续下去。所以他会一直下注，直到输得精光。虽说偶尔能赢，但也仅是"偶尔"。通常，如果概率显示你会失败，那你就会失败。职业玩家都知道这一点，也知道乐观主义者在不该下注的时候会多么轻易被说服继续玩下去，然后他们就可以趁机发财。

职业玩家拥有的并不是乐观，而是信心。信心来源于悲观主义的建设性运用。

乐观主义者身处逆境时，会露出勇敢的微笑说："事情不会像看起来那么糟。"他们甚至不是说出这句话的，而是大声唱出来的。关于这个主题的歌曲几乎和关于单相思的歌曲一样多。这虽然是一个美妙而感伤的主题，但千万不要让它与你的金钱哲学相混淆。在扑克游戏和金钱世界的其他许多冒险领域，事情几乎总是就像看起来那样糟糕。很多时候，情况会变得更糟。它们变得更糟的程度至少和好转的程度一样。如果你愿意，你可以打赌情况会变得更好，但在缺乏确凿证据的情况下，你就显得过于乐观了。最安全的做法是，如果情况看起来很糟糕，那就认定它就是糟糕的。

∴ ∴ ∴

"如果你只是乐观，就不要采取行动。"相反，要寻求信心。信心不是来自期望最好的情况发生的美好愿望，而是来自你处理好最坏情况的把握。

如果牌运不好，职业玩家知道他要做什么。当然，他们肯定不会盼着牌运不佳，但绝不会让"期望"蒙蔽他们的判断力。在牌局中，他们得心应手，行为理智，足够有能力应对坏运气造成的局面。这就是建设性悲观主义的含义。

与之相反，让我们来看看一对年轻夫妇的悲惨遭遇。他们认为保持乐观就足够了。我们称他们为山姆和朱迪。他们的故事是由一个旧金山郊区房产推销员给我讲的。

山姆和朱迪是很典型的"雅皮士"——西方国家中年轻能干有上进心的一

类人，他们一般受过高等教育，具有较高的知识水平和较强的职业技能。山姆是一名广告从业人员，朱迪是一家医院的儿科住院医师。他们对未来有着美好的憧憬：山姆希望有一天能成立自己的广告公司，而朱迪则计划开一家自己的私人诊所。在产生了这样的美好想法后，他们坦率地谈到了致富。为了早日实现梦想，他们在结婚后开始将资金投入到较具风险的投资项目中。

起初，他们缺乏技巧，但表现还不算太差。好运气一直伴随着他们。在几年的时间里，他们的储蓄存款翻了一番。刚结婚时，他们有两个储蓄账户，总额约为1.2万美元。他们后来将这个总额增加到了2.5万美元左右。然后他们的好运气就开始溜走了。

他们了解到美国西南部的一个州正在开发大片土地。当时，每块地不小于3亩，既可以作为住宅用地，也可以用于投资。然而，开发公司已经过度扩张了。就像当初承诺的那样，公司修建了公路，还把公共设施延伸到了这片广袤土地上的部分区域，但就在这时，公司的资金却用完了。很多地方仍然只是一片人迹罕至的荒野。

为了筹集急需的现金，公司逐步降低了尚未开发的地块的价格。这些地块的价格与已开发的地块相比，似乎低得惊人。

山姆和朱迪兴奋地研究了这一现象。他们动用了大部分积蓄，在这片偏僻的区域买下了一大块地。他们想，如果可能的话，待时机成熟时转卖这些地，就可以在短时间内将投进去的本金翻一番或翻两番。但前提是期望中的道路能够建成，公共设施可以延伸至这些边远地区。

他们这是在赌开发公司的命运。如果这家公司还能东山再起，如果各种法律问题能得到有效解决，**如果**公路和公共设施可以在他们挑中的地块上及时建成，那他们的梦想就能实现了。但如果情况恶化，这些地块可能会永远成为人迹罕至的荒野。

当然，这家公司的宣传材料和销售人员都做出了承诺，更准确地说，他们只是含糊其辞地说了几句鼓励的话，而这些话听起来像是承诺而已，缺乏法律约束力："这是意料之中的事……董事们相信……"山姆和朱迪当时还没有天真到被这种话术蒙骗。他们意识到了风险：公司可能会破产，或者，股东们会直接卷款而逃。在这种情况下，山姆和朱迪的土地会比他们当初买的时候还便宜，到最后会完全卖不出去。他们的钱可能永远都赚不回来。

可他们认为这个风险值得承担。他们很乐观。

当然，承担风险没有错。正如我们在研究其他公理时所了解到的，冒险就代表必须要面对不确定性。无论你是购买IBM的股票还是未开发的土地，都是在冒险。山姆和朱迪拿自己的钱去冒险，根本上是为了赚更多的钱，这是那些华尔街人士每天都在做的事。

但山姆和朱迪犯了一个根本性的错误。他们还不够悲观。他们没有问自己，如果形势对他们不利，他们如何自救。

假如你购买了IBM的股票，一旦风险恶化，还是有办法自救的，你可以选择抛售。我们在公理3中指出，做到这一点并非易事，但至少你有机会做到这一点。总会有人来买IBM的股票，因为做这只股票的市场会一直在。但凡涉及一定程度上的冒险时，你就要提醒自己：如果价格降到某个水平，就撤资离场。

知道如何处理最坏的情况，这就是信心。

如果山姆和朱迪不那么乐观的话，他们本来是有出路的。他们挑中的这块地距离已开发的地块有2公里，这样的远距离在一定程度上导致了价格较低。其他未开发地块也在出售，这些地块距离已开发地块较近，但价格相应较高。山姆和朱迪本可以买些高价的地。这样，哪怕公司没有兑现承诺，他们也可以通过利用距离和地段优势，让他们的土地更有可能卖出去。

如果他们这么做，可能会亏本，但至少他们更容易撤出。

他们不去考虑这种悲观的可能性，而是把钱押在他们认为乐观的前景上。形势对他们来说似乎充满希望。如果开发公司从困境中恢复过来，并实施其宣布的计划，正如山姆和朱迪所坚信的，他们和其他地块的所有者将获得令人瞠目的收益。就这样，山姆和朱迪走进了一场没有出口的冒险。

许多年过去了，公司已经倒闭了。公路和公共设施到最后也没有建成。州总检察长一直在试图找到该公司的负责人，迫使他们进行会计核算，但这件事到今天也没有眉目。与此同时，山姆和朱迪被困在了这块只有步行或骑马才能到达的土地上，而且似乎还要一直这样被困下去。

他们可能永远不会卖掉它。他们和其他地块的所有者曾讨论过分摊公路和公共设施费用，但都无果而终。预计的成本很高，虽然一些业主似乎愿意承担，但另一些业主却很抗拒。被乐观情绪蒙蔽的山姆和朱迪可能会一直陷在这个僵局里，无法抽身。

∴ ∵ ∴

乐观主义如此危险的一个原因是它让人感觉良好。这种感觉比悲观带来的感觉要好得多。它有一种似乎能把人催眠的诱惑力。这就像古希腊传说中的海妖塞壬（Siren），它甜美的歌声会引诱船员驾船撞击礁石而亡。

任何一段冒险旅程，一旦你开始了，结果都将有无限种，有好的，也有坏的。好的和坏的可能性是一样的。下跌和上涨的可能性一样大。但哪种结果对你来说更有可能呢？我们本能地期望：当然是好的结果了。

乐观是一种人性，可能无法被征服。我们睁大眼睛凝视着难以看透的未来，期待着最好的东西，也说服自己保持期待。也许，没有乐观的态度，生活无法进行下去，金钱世界中的冒险也同样无法进行下去，因为下注就是对未知结果的乐观判断。这就是其中的矛盾之处：乐观情绪给人的感觉非常好，甚至可能是必要的，但如果放任它失控，就可能导致财务灾难。

不仅山姆和朱迪会因为乐观陷入困境，所有人的判断都可能因乐观而出错。华尔街的每个交易日都在上演这样的戏码。无论股市在哪一天表现如何，总会有乐观主义者认为下一轮大牛市将在下个星期启动。当然，悲观主义者会站出来提反对意见。但哪种声音会被留意到呢？大多数时候是乐观主义者的，因为他们描绘的前景更光明。

你可以留意一下《华尔街日报》《纽约时报》这样的知名财经报纸每天刊登的股票市场新闻、八卦和观点专栏。撰写这些专栏的商业记者每天下午在股市收盘时都要打电话给经纪人、分析师和其他可以对当日交易做出有见地的评论的人。每个记者都有一份联系名单。记者根据什么决定给谁打电话呢？哪些人会出现在这个名单上呢？有3个因素最重要：可及性、表达清晰度和乐观度。

根据我自己多年来的非正式统计，这些专栏报道的市场数据中，至少有四分之三是乐观的。这显然是一种不平衡的表现，因为从任何角度来看，市场的未来都是有好有坏，看空者和看多者的数量应该差不多。然而，如果我们从报纸专栏来看，看多者占了绝大多数。原因何在？有两种解释：

首先，实际上看涨的人确实比看跌的人多得多。原因当然是乐观的感觉比悲观好。因此，即使一名尽职尽责的记者，不辞辛苦地搜集多头和空头的数据，想写出一份经过仔细权衡的调查报告，也会因为看空的言论和资料太少而感到沮丧。

其次，财经记者在任何情况下都不会找数量相等的看空和看多的例子。原因何在？因为他们更喜欢采访看多者，因为看多的言论更令人愉悦。因此，即使这两个群体有同样多的人在街上闲逛，这些报道中的"看多者"仍然占较多篇幅。

看多者的观点会被一遍又一遍地引用。其中一个看多者的名字，甚至每两个星期就会在报纸、广播或电视的商业报道上出现一次。他是华尔街上规模最大、历史最悠久的一家经纪公司的高管。他平日里待人友善、言谈得体，我不想指明他是谁，怕损害他的形象。

记者们不断地重复他的话，因为他是个顽固的乐观主义者。他的判断总会出错，可这并不影响人们继续关注他，也不足以削弱他的影响力。从1980年到1981年，他一直固执地预测牛市就要来了。但事实并非如此，可记者们一直在引用他的话。在1982年8月，他终于说对了，牛市出现了，然后在1983年春天悄然结束。"没关系，"乐观的他说，"我们所看到的只是牛市的暂时停顿！"他一直在说，道琼斯工业指数很快就会超过1300点。事实并非如此。到了1984年第一季度，它已经开始向1100点滑落。但这只能使他的乐观情绪更高涨。他相信牛市的回归近在咫尺。4月初，在经历了几周的低迷之后，道琼斯指数在某一天的交易中上涨了大约20个点。《纽约时报》引用这位乐观主义者的话说，这是第二轮牛市的开始。

第二天道琼斯指数下跌了10多个点。又过了一天，它又跌回了原本的低点。

期待中的"第二轮牛市"似乎要推迟了。但这似乎并没有让这位乐观主义者感到不安，也没有减少财经记者打来电话的数量。大约一个星期之后，他对着《华尔街日报》记者的耳朵和打字机继续说着他看多的言论。

令人恼火的人类心理就是这样运作的。我们被乐观主义者所吸引。很明显，他们对未来的了解并不比悲观主义者多，我们也绝不能盲目地以为乐观主义者的话更值得一听。可当你要做选择的时候，你会发现，你还是更愿意倾听那些乐观主义者。

你周围都是乐观主义者，确实如此，在你的头脑中也有一个非常坚持不懈的乐观主义者。但你要提防他们，因为乐观会干扰你原本良好的判断力。

在那个希腊的古老传说中，奥德修斯（Odysseus）用蜡堵住船员的耳朵，然后用绳子把自己绑在桅杆上，使自己的船安全地躲开了海妖塞壬。面对乐观主义者的高歌猛进，没有任何类似这样的防御措施是有效的。你永远不可能把"塞壬的歌声"完全挡在门外，毕竟你是人类。

　　你所能做的就是时刻警惕自己内心的乐观倾向，时刻警惕它带来的危险。

　　当你感到乐观时，试着判断这种良好感觉是否经过了事实验证。至少，有一半的时间，这样的良好感觉没有事实数据作支撑。

公理 9 | 关于乐观与悲观

投资策略

公理9警告我们，乐观可能是投资者的敌人。乐观可能让人感觉不错，但也正是出于这个原因，这种感觉很危险，会造成一种普遍的判断偏差。它可以误导你，让你走入僵局。即使有供你离场的出口，乐观主义也会阻碍你走向这个出口。

这条公理告诉我们，如果你只是乐观，就不要采取行动。在你做出一笔投资之前，问问自己，如果形势对你不利，你将如何自救。一旦你清楚地认识到这一点，你就拥有了比乐观更有价值的东西：信心。

关于共识

忽视大多数人的意见。
它很可能是错的。

勒内·笛卡尔（René Déscartes）是世界上最伟大的怀疑论者。除非经过自己的验证，否则他会坚定地拒绝相信任何事。这是他作为一位成功的金钱世界冒险家最重要的特质之一。他于300多年前逝世，但现代冒险家仍可以通过阅读他的作品而收获颇丰，并度过许多愉悦之夜。这位其貌不扬的男士有着一双瞪大的黑眼睛和一只像新月一样的鼻子，当然，他还有着超凡脱俗的卓越智慧。

笛卡尔从怀疑包括上帝、人和他自己在内的一切存在开始，踏上了他的哲学思辨之旅。这也激怒了他的祖国法国的宗教当局，所以他逃到了荷兰。他始终拒绝接受别人告诉他的所谓真理，他只想通过自己的感官和经验寻找发现真理的方法。最终，他发现了一个他认为是基本的、无可争辩的真理：Cogito, ergo sum（拉丁语）——**我思故我在**。在确信自己的存在不只是幻影之后，他继续验证或否定其他所谓真理。在这个过程中，他对现代数学的发展做出了重大贡献，并构建了一种理性主义哲学，其思想的明晰性在3个世纪以来都无人能超越（在我看来，甚至都不存在任何实力相当的竞争对手）。在这个过程中，笛卡尔对"赌博"进行了科学研究，一方面是出于爱好，另一方面是因为他平日里喜欢昂贵的葡萄酒和其他奢侈品。

17世纪上半叶，全世界只存在少数几个组织松散的证券和商品交易所。笛卡尔被阿姆斯特丹巨大而生机勃勃的市场迷住了，但他是否在那里做了交易，以及这些交易涉及的金额有多大，我们不得而知。目前我们所能了解到的是，他经常前往巴黎，有时为避免因异教被捕，他还会编造一个假身份去"玩一把"。

当时市面上有各种各样的纸牌游戏、棋盘游戏和轮盘游戏，这些游戏随时在等着赚门外汉的辛苦钱。笛卡尔喜欢这样的游戏，因为它们的规则就像现代的桥牌或扑克一样，不仅取决于运气，还取决于数学计算和心理学。他以惯常的谨慎和怀疑态度研究这些游戏，摒弃当时所有关于这些游戏的陈词滥调和"民间智慧"，坚持为自己确立真理、排除谬误。他似乎每次从巴黎离开时都会比他来到巴黎时更富有，有时甚至会富裕很多。虽然他只从父亲那里继承到了一小笔遗产，但在成年后的大部分时间里，他都生活得还算舒服。

他在各种场合一遍又一遍地强调，他的诀窍就是无视别人告诉自己的，除非自己完全弄清楚了。他对那些自封的专家所宣称的"真理"保持着怀疑，甚至拒绝接受多数人的意见。他写道："一个'博学的人'所宣称的几乎每件事都是别人所做过的定论。""计算选票毫无用处……因为在一个棘手的问题上，真相更有可能是少数人发现的，而不是多数人。"

正是这种也许很傲慢、众人皆醉我独醒的世界观，让勒内·笛卡尔可以走到巴黎的牌桌边，然后带着颇丰的收益离场。他提的建议或许值得很多人听一听。

我们往往不加批判地接受多数人的意见。如果很多人说某件事就是这样，我们就会默认事情就应该是这样。我们的思维就是这样跟着多数人运转的。如果我们对某件事不确定，就会做个"民调"。我们从小学的时候就开始接受这种"多数人即正确"的观念，这种观念伴随我们成长，变得越来越根深蒂固。在美国和其他西方国家，尤其是法国和英国等国家，这种观念几乎已经演变成一种"宗教"了。如果75%的人都认同了一件事，那么，哪怕是低声问一句"嘿，等一下，他们有没有可能是错误的"都可能被视为"亵渎神明"。

听听笛卡尔的观点吧。他们真的有可能是错误的。

我们从学生时代起就被训练接受"大多数人的意愿"。我们经常对这样的意愿发牢骚——每当我们的候选人落败时，我们总会发出惊讶又愤怒的抱怨——但在所有喧嚣和愤怒的背后，总能听到一种教条的声音："人们已经发出了各自的声音，你不能无视他们的观点。如果这个结果是他们想要的，那它一定是对的。"

这种接受多数人意见的谦卑也会渗透到我们的财务生活中。我们不仅听取经济学家、银行家、经纪人、顾问和其他专家的意见，也听取大多数人的意见。但最终这不仅浪费我们的时间，也会浪费我们的金钱，因为正如笛卡尔所说，真相通常掌握在少数人手里，而不是那一群多数人。

那一帮多数人有可能是正确的，但也不排除他们有犯错的可能。寻找真相的方法就是怀疑所有定论。"高预算赤字将会断送整个美国"，几乎每个人都这么说。这是真的吗？也许是，也许不是。你要有自己的判断，得出自己的结论。"利率和通胀率会在10年后上升。"真的是这样吗？你要学会自己观察和分析，不要让大多数人的观点左右你。

在我们对其他公理的研究中，我们看到了许多多数人的观点："一鸟在手胜过两鸟在林""建立多元化的投资组合"，等等。所有这些被认为明智的建议都深植于大众意识之中。你只需要在任何鸡尾酒会或咖啡聚会中提起投资的话题，就能听到古老的陈词滥调被不断地提及。随着每一句陈词滥调的重复，所有听到的人都会做出睿智的样子点点头，然后跟着附和："是的，说得很对。确实是个不错的建议！"

大多数人都相信这些古老的陈词滥调是无可争辩的真理。鉴于此，我们似乎得出了一条结论：这也是大多数人并不富有的原因。

次要公理14

永远不要跟风。

通常来说，最好的买入时机就是没人想要进场的时候。

　　当涉及"投资什么"和"何时投资"的问题时，来自多数人意见的压力会尤其明显。在这种情况下，许多原本聪明的冒险家会受到影响，最后毫无收益可言。

　　以股市为例。什么时候是购买股票的最佳时机？当然是价格低的时候。什么时候是出售股票的最佳时机？自然是价格高的时候。小学生都能明白这一点，就算没人教过他们，他们也能无师自通。

　　可当他们成年后，才领悟到：这个看似简单的道理，实际操作起来却非常难。在很大程度上，操作困难是因为它需要逆大多数人的意见而为。一般来说，当相当多的人开始认为不值得买入时，股票或任何其他流动性较强的投资实体的价格就会下跌。人们越认为它们没有吸引力，价格下跌得就越低。因此出现了一个小学生没有学过的悖论：买入的最佳时机恰恰是大多数人说"不要买"的时候。

　　当涉及卖出时，情况正好相反。当大量买家争相购买时，价格就会上涨。当别人都在喊"请卖给我"的时候，你应该平静地站在另一边说："乐意之至。"

　　让我们看一个具体的例子。在20世纪70年代初，美国汽车工业陷入了困境，遇到了很多问题，这些问题很严重，也很棘手。整个底特律都在凝视着一个地狱般的未来。有传言称，汽车制造商和供应商将大规模破产。一家又一家的工厂被关闭，成千上万的工人拿不到工资，流落街头。为了用尽全力节约运营成本，通用汽车公司从1979年到1981年将股息减至一半。次年，福特则完全没有派发股息。

　　无论是在底特律的工会大厦，还是在华尔街的俱乐部和酒吧，大多数人都认为汽车业已经深陷泥沼，而且在很长一段时间内都无法摆脱。大多数人认为，任何购买汽车股的人都应该赶紧撤资离场。这些不受欢迎的股票跌到了令人沮丧的低点。在1981年和1982年，你可以以34美元的价格买入通用汽车公司的普通股，这是20多年来它最低的价格。许多权威人士预计，这一数字还会更低。福特公司的股价（考虑到1983年的拆股情况）在那段艰难的岁月里可以低到11美元。

然而，实际情况表明，当年无视多数派观点的人都有了较好的收益。通用汽车的股票在1982年年中还能以34美元左右的价格买到，但到1983年，它的价格已飙升到80美元。福特的股价更是上涨至原来的4倍多，从11美元上涨至46美元。

汽车行业的问题所持续的时间比大多数人想象的要短。在这种情况下赚到钱的冒险家，是那些不理会他人意见，依靠自己独立研判的人。

∴ ∵ ∴

但众所周知，当你周围的人都在喊"不"的时候，你很难去想"是"。一些冒险家发现这是他们遇到的最困难的问题之一。多数人的观点总是会成为他们采取正确行动的障碍。

在汽车行业动荡时期，我的妻子就遇到了这种情况。1982年初，她刚好有一张半年的定期存单到期了。她对福特公司的股票有不错的预感，但正如我们之前说到的，当时福特已深陷泥潭。她喜欢福特的汽车，常听到朋友们称赞它，她相信底特律的现状在一定程度上是由于自怜和恐慌情绪引起的，这种情绪很快就会消失。于是她跟她的经纪人说要买入一些福特的股票。

她的经纪人为此嘲笑了她。

经纪人坚信大多数人的观点，并且可以充分证明这些观点。报纸报道、分析师报告，当然还有低股价本身——所有这些数据和证据都仿佛在强调："别买！"

因此，她没有买入。做出这个决定对她来说很不寻常，因为在大多数情况下，她很擅长独立思考，会依靠自己做出判断。但在这种情况下，多数人的意见给她带来的压力实在太大，让她难以抵御。

多数人意见带来的压力（下文简称"多数人压力"）不仅能赶走一个正确的预感，即使有时我们知道自己是对的，它也依旧会让我们怀疑自己。普林斯顿大学的心理学系做过的一个实验证明了这一点。

这个实验并不友好，但却非常有效。8个人或者10个人围坐在一张桌子旁，桌子中央放着半打颜色各异的铅笔。除了一支铅笔外，其余的铅笔都一样长。那支红色铅笔，显然比其他铅笔都要短。

桌子周围的人被要求对铅笔的长度进行投票。大多数人——除了一个困惑的人——都表达了一个明显错误的观点，一个与亲眼所见的事实相矛盾的观点。他们说所有的铅笔都一样长。

当然，除了那个困惑的人，其他人都事先被安排好要说谎。这是一场骗局，目的是观察那个困惑的人会作何反应。

经过投票，那个困惑的人在经历了心理上的挣扎之后，最后赞同了大多数人的观点。

面对眼前显而易见的证据，他坐立不安，犹豫不定，到最后只能叹口气说，好吧，我认为你们其余的人是对的，那些铅笔都是一样长的。

与多数人争论是极其困难的。即使辩论涉及的是可以通过观察或测量验证的事实问题，也依旧很困难。当辩论涉及的问题无法通过观察或测量验证时，那就更困难了。而金钱世界里的几乎所有问题都属于后者。

据我所知，没有哪种精神力量训练能增强你承受多数人压力的能力。有时在晚宴上，我会故意说一些愚蠢的话，让自己成为人群中的少数。"核战争跟以前舞枪弄剑的那些战争相比，可能没那么可怕"——我知道，诸如此类的胡言乱语会让其他人找我碴儿。在这种情况下，面对愤怒的多数人，试图为自己辩护总是很刺激。但这样的心态是否能使你强大到买入深陷泥潭中的福特股票？我们不得而知。

或许，抵御多数人压力的最好办法，就是意识到它的存在以及它可能具有的杀伤力。新手似乎往往缺乏这种意识。他们甚至可能在被大多数人推倒的时候，还不知道已经发生了什么。

因此，在被冒险热潮席卷的人群中，你总能找到那些新手。当黄金成为本月最佳投资对象时（人人都在谈论它，每个金融专栏作家都在疯狂地撰写相关文章），新手通常会一头扎进去买入。但此时，黄金价格可能已经高得不正常了，可人们似乎需要很长时间才能明白这一点。同样，当小型高科技公司成为华尔街的热门——当它们的股价飙升时，新手就会排着队，把他们的钱投入到总有一天会灰飞烟灭的那堆股票里。

新手被多数人压力推着走的时候往往浑然不知。他们不会停下来问自己："我做这个决定是因为它是对的，还是因为**大多数人认为**它是对的？"但笛卡尔会这样问自己。如果他要投资黄金或高科技产业，他只会根据自己的判断去做，而不管其他人在做什么或说什么。

在你努力抵抗多数人压力的同时，你也会面临来自经纪人和其他从你的冒险中获利的人的压力。这些人为了捞取佣金和手续费，自然倾向于推销时下最热门的交易对象——碰巧能迎合众人口味的东西以及标价高的东西。如果你是一个活跃的冒险家，你很可能会因为被广告宣传、推销说辞和其他甜言蜜语轰炸，然后就去疯狂购买大多数人都在买的东西。

这并不是说那些人怀有让你变穷的恶意。相反，他们更愿意看到你变富有——部分原因是这意味着他们能得到更多的佣金，另一方面也是因为他们和我们其他人一样，喜欢被笑脸相迎。然而，就像任何销售产品的人一样，他们必须聚焦于"大众想要的产品"。

例如，在经济衰退期间，公众几乎总是想要黄金。在国家经济、货币、股票市场和其他金融体系出现问题的时候，黄金被认为是一个有价值的避险工具。在像20世纪80年代早期这样的"黑暗时期"，由于非常多的人购买黄金，黄金价格就一直大幅上涨。

正如我们已经讨论过的，这正是你应该保持极度谨慎的时候，因为这也是黄金抛售压力达到峰值的时候。在20世纪80年代初，报纸上到处都是金币和金条的广告。经纪人忙于兜售霍姆斯特克（Homestake）等金矿公司的股票。专门从事黄金相关投资的共同基金发出了大量的招股说明书。投资咨询服务提供关于黄金及其相关走势预测的报告。如果你想把钱投进黄金或任何与黄金相关的投资工具，你所要做的就是给相关的公司打一个免费电话（在十几个号码中任选一个就行），会有一群兴高采烈的接线员等着接你的订单。

但到了1983年底，当经济形势好转，黄金价格下跌时，你就不得不努力寻找愿意接手你卖单的人了。

∴ ∴ ∴

这并不意味着你应该总是自动地去做大多数人不做的事情。这仅意味着你应该坚定地抵抗多数人带来的压力，拒绝随波逐流。你要学会用自己的大脑分析形势，研究遇到的每一种情况。你可能会发现大多数人都是错的，虽然这种情况并不会总是发生。如果你认定其他人都是对的，那么当然可以跟随他们的脚步。关键是：无论你做什么，无论你是附和还是反对，首先要学会独立思考。

有些冒险家把自动反多数人而行当作信条，他们称自己为逆向思考者或逆向投资者。他们的金钱世界冒险哲学源自我们一直在研究的一个悖论：购买某件东西的最佳时机往往是它看起来最不具吸引力的时候。因此，你会发现逆向投资者在经济萧条的黑暗深渊中固执地买入股票，在经济繁荣的时候买入黄金，在其他人都不看好某派的绘画作品时买入它们。

逆向投资法的问题在于，它始于一个好主意，随后又将其强化为一种宏大的秩序幻觉。确实，购买某样东西的最好时机可能是在没人想要它的时候，但仅仅因为这个原因就不假思索地自动买入——仅仅因为它不受欢迎就买入——似乎和不假思索地随大流下注一样愚蠢。

从众并不总是错的。如果"垃圾价值"的艺术品的市价跌到每0.8平方米10美分，这可能是一个绝佳的购买机会。另一方面，也许人们避开这些黏糊糊的油画是对的，除了被拿去做冻品包装纸，这些油画可能一无是处。

早些年，几乎所有人都对克莱斯勒（Chrysler）的股票避而不谈，在我看来，这种做法非常正确。如果说当时把钱投入低价的通用汽车或福特汽车有风险的话，那买进克莱斯勒的股票可以被称为是最疯狂的主意。这家公司已陷入了困境。虽说当时一笔贷款让奄奄一息的它勉强存活了下来，但它的长期前景依然是暗淡的。在1980年到1982年的大部分时间里，这些股票可以以每股3到4美元的价格买到。众人对克莱斯勒做出这样无情的判断，是在承认一个客观事实：这家公司东山再起的可能性很渺茫。克莱斯勒看起来已经走到了尽头。

当然，今天我们回顾这件事的时候难免会有点事后诸葛亮的意思，可当时做出那样的判断确实过于悲观了。尽管困难重重，克莱斯勒还是奋力扭转了局面。到1983年底，这只股票的交易价格已经超过35美元。如果你在一年半前的最低点买入，你的钱可能已经翻了十倍。

但这仍然无法改变一个事实，即站在1981年的时间节点来看，这只股票翻身确实很难。大多数的冒险家对它绕道而行，是在以一种完全合理的方式行事。在这种情况下，逆向投资者自动地与多数人对着干，看起来就相当鲁莽。

事实上，在这个案例中，它合理地解释了次要公理1告诉我们的：人们应该总是为有意义的"赌注"而博弈。在1982年中期之前押注克莱斯勒就像买彩票或参与轮盘游戏一样，中奖概率是百万分之一，你付出几美元顶多只能图个乐子。如果美国国会在1981年通过一项法律，要求每个纳税人都投资克莱斯勒，那我也会买一股。

我也可能会买100股。在一年半的时间里赚到10倍的钱的梦想总归是美好的。

公理 10 | 关于共识

投资策略

公理10告诉我们，大多数人虽然不会主动犯错，但犯错的概率还是存在的。千万别不假思索地随大流或自动反多数人而行。在把你的钱置于风险中之前，请先独立思考，把一切问题都想清楚。

你面临的最大压力，也是最常感受到的压力，就是那些推动你追随大多数人下注的压力。这条公理警告说，随大流可能会付出高昂代价，因为本质上这往往会让你在价格高的时候买入，在价格低的时候卖出。抵御这些压力的最有效方法就是要敏锐地意识到它们的存在及其可能具有的杀伤力。

公理

11

关于固执

如果第一次没成功，那就不要执着于此了。

毅力就像乐观主义：它总能被人称赞。据说，一位古代英国国王看到一只蜘蛛经过多次失败后终于织好了网，便说道："如果一开始你没有成功，那就再试一次，再试一次。"这对蜘蛛来说无疑是一个好建议。这也适用于国王，因为他们通常出身富裕。而对于像你我这样努力赚钱的普通人来说，这条建议应该被有选择地听取。

毅力可以在生活的许多方面很好地帮助我们。然而，在金钱世界的冒险中，虽然有时它可能会帮助到你，但很多时候也会让你深陷泥潭。

它是如何对你造成不利影响的呢？美林证券的一位客户主管给我讲了一个典型的故事。

他说，前不久，他接待过一位痴迷于美国大型零售商西尔斯百货的女顾客。她下定决心，即便冒着破产的风险，她也要尽全力靠西尔斯百货的股票赚一笔钱。但她真的差点就破产了。

她在芝加哥大学担任行政职务时就喜欢上了西尔斯百货公司。这家总部设在芝加哥的公司对这所大学一直很慷慨。其中，一份极为慷慨的礼物便是不列颠百科全书出版公司（Encyclopaedia Britannica publishing company）。西尔斯百货公司曾是这家公司的所有者，但自1943年以来，通过各种所有权和版权转让，该公司将其巨额收入转至了芝加哥大学的财务处。

在得知这件事后，我们故事中的女主角被西尔斯百货深深地吸引了。早在大学时代，她就下定决心，如果她成为一名投资者，她将只投资那些对社会有实质性贡献的公司。现在她快40岁了，终于有一点闲钱可以花了，她决定把西尔斯百货当作她的投资对象。

在这种基础上做出投资选择并没有错，只要别忘记你在市场上的主要目的是赚钱。如果你因为社会情感被触犯而拒绝了一些投资机会，那么从客观上说，你的选择范围就变窄了。当然，这并不一定是坏事。有很多像西尔斯百货这样的好公司，当市场稳定上升的时候，很多持股的股民也能大赚一笔。

这位女士买了她的第一笔西尔斯百货的股票。不幸的是，股票并没有回报她的深情。在她买入后的12个月里，因为很难说清的原因，消费者们选择远离商店和订购热线，这导致了包括西尔斯百货在内的许多大型零售商的股价暴跌。

之后，她按照公理3中所提的建议行事——卖出了股票，接受了15%～20%的损失。股价继续下跌。她把钱存入了银行。

这只股票一年来毫无起色。然后，出乎所有人的意料，它突然开始上涨，点位超过了那位女士的卖出点，并且持续往上涨。

她既困惑又生气。价格越高，她越生气。巨大的被遗弃感向她袭来：这只股票怎么能对她如此背信弃义？

她觉得这只股票欠她的。她打定主意，即使竭尽全力，也要从这只股票里捞出一些钱来。

她的“毅力”开始发挥作用。她打电话给她的经纪人，说她想回购西尔斯百货的股票。经纪人和她争论起来，因为他觉得价格太高了。股价如此之高，以至于该股的收益率（年度派息占股价的百分比）低于4%，这在西尔斯百货股价历史上是十分不常见的。但她固执己见，想要买回这只股票，挣回她认为西尔斯百货欠她的钱。

可现实向她泼了一盆凉水。股价再次暴跌。

这个情况持续了很多年。她从这一项投资中夺回损失的决心蒙蔽了她，让她看不到其他赚钱的机会，也看不到其他好的投资方向。她“追逐”（冒险家们对这种行为的称呼）西尔斯百货，从牛市的顶部一路追逐到熊市的底部，她几乎一直在赔钱，因为这种不甘心彻底蒙蔽了她的判断力和观察力。

最终，在1982年底，当西尔斯百货的股票行情稍显好转时，她终于获得了持有该公司股票的满足感。这似乎让她摆脱了对它的"执着"和"不甘心"。她觉得，西尔斯百货的股票终于还清了欠她的债。

但真的是这样吗？在追逐西尔斯百货的那些年里，她本可以根据投资项目自身价值而不是纯粹出于固执，将钱冷静理智地投在别的地方，这可能会让她变得更富有。但在西尔斯百货股票上的"纠缠"只让她比刚开始买入的时候好了一点点。因为拒绝放弃西尔斯百货的股票，她浪费了很多机会，这也使她成了一个失败者。就算最终她还是赚了一点点，那也纯粹是因为运气好。

那么，有没有在金钱世界里冒险的固定方法呢？没有。渴望找到这种方法的都是典型的新手冒险家。当然，有经验的冒险家有时也会出于纯粹的愚蠢而"追逐"某一项投资，决心不惜一切代价从中榨取收益。出于我一直不清楚的原因，弗兰克·亨利曾一直在新泽西州的莫里斯敦附近买卖房地产，而他本应把注意力放在其他领域。他在那里的投资亏了很多钱，如果他不懂变通，那他真就彻底玩完了。

我曾经对IBM的股票有过同样的想法，现在我能稍微克制住自己了。这只讨厌的股票欠我钱，虽然我不再买卖它了，但我确实一直在想象自己买这只股票的看跌期权或看涨期权，当它在我没有参与买卖的情况下上涨时，我就会很生气。

这是人性使然，但也确实愚蠢。一个投资工具如何"欠"你钱？只有人才会欠你钱。如果那个人没有付清欠款，你有权向其追讨这笔钱，如果这种不负责任的行为继续下去，你可以继续追讨。但如果你因为在某种贵金属或一件艺术品上赔了钱，就把这些投资工具拟人化并认为它们"欠"你钱，显然是不合逻辑的。这不仅不合逻辑，而且会导致你的"追逐"行为，从而使你损失更多的钱。

比方说，你在西尔斯百货的股票上损失了一些钱。你当然想把钱赢回来。**但为什么一定要从西尔斯百货的股票那里讨回来呢？**

无论是西尔斯百货公司还是其他投资项目，所带来的赚钱机会都是一样的。在金钱世界里，有那么多可能的投资机会供你选择，何必纠结于一笔已经让你亏损的投资呢？理性地想想，其他的投资机会可能会有更好的前景呢。

固执的原因是情绪化的，且不容易被意识到。正如我们已经指出的，关于"欠"的想法来自对投资工具的"拟人化"。"这笔投资抢走了我的钱，我对天发誓，我不会放过它，直到它还我钱为止！"与此交织在一起的是关于复仇的模糊情绪："我一定要让那只股票知道愚弄我的后果！"

于是，我们就产生了一种愿望，希望自己的判断被证明是正确的。这也是我们在另一条公理中提及的"我最终会被证明是对的"。

当所有这些情绪反应一起相互作用时，人的思维就失去了控制。

克服这种情绪波动，并不比作为冒险家必须做的其他努力容易，但你必须要努力摆脱它的影响。正如我之前在探讨另一种困难的心理状态时所说的，一本心理咨询类的图书是无法解决这个问题的，也不存在什么万能小妙招。如果你克服不了这种在失败的投资中固执下去的冲动，或许你可以找你的朋友、爱人或酒吧招待聊一聊，或者去看一场电影、听一场音乐会，以此放空你的思绪，忘记你的困境。6公里的步行对我就很管用。我们每个人都能找到适合自己的克服情绪起伏的方法。

无论如何，当固执将你引入歧途时，你必须击败它。开头提到的古代国王的那句名言，如果用在金钱世界的冒险上，就需要进行彻底修正：如果一开始你没有成功，那就算了吧。

次要公理15

永远不要试图通过平摊成本来挽救一笔糟糕的投资。

被称为"平摊成本"或"平摊亏损"的投资技术，是投资界最具吸引力的陷阱之一。这就像拉斯维加斯和大西洋城的大街小巷和酒吧里的那种"自动防护""万无一失""双重保障"的轮盘游戏。当你第一次研究这样一个系统时，它的逻辑似乎无懈可击。"没错，这种方法确实可行，不是吗？"你会惊奇地睁大眼睛。平摊成本法也类似于这种轮盘游戏系统，玩家运气好的时候，它也能奏效。这当然增加了它的吸引力。但你必须小心不要让它欺骗你。这是一朵带着毒刺的玫瑰。

以下是它的工作原理：你以每股100美元的价格购买了甲电脑公司的100股股票。你的成本（为了方便起见，不考虑交易佣金）是1万美元。当情况不妙时，股价暴跌至50美元，你的投资好像损失了一半。唉！你掩面哭泣。但，等等，事情似乎还不是太糟！你的朋友兼邻居斯库尔伯恩并不真的了解金钱世界，但他对每一句关于投资的陈词滥调都了如指掌，他建议你通过平摊成本来改善这种状况。

斯库尔伯恩说，你应该做的是，以50美元一股的价格再买100股这只股票。你将拥有200股。你的总投资将达到1.5万美元。因此，你的平均每股成本将从100美元下降到75美元。

听起来可行，但真的是这样的吗？

并非如此。当你平均下来的时候，你所做的一切都是在欺骗自己。无论你如何操作，你都无法改变你为最初的100股支付了1万美元的事实。即使后来以50美元的价格再买进100股也改变不了这个事实。75美元的买入均价可能听起来会让你暂时舒服些，但这对你财务状况的好转没有一点用。

事实上，整个错误的操作可能会让你的财务状况变得更糟。甲电脑公司的股价从100美元暴跌至50美元，想必该公司估值的大幅下降是有其市场原因的。这些原因是什么？你要好好研究它们。甲电脑公司可能在未来很长一段时间里都将面临收益不佳的局面；这只股票可能是一个需要暂时远离的投资对象。如果有这些可能性，你为什么还要买入更多呢？

在任何情况下，当你想要平摊成本时，问问自己："如果我最初没有用100美元每股的价格买进甲电脑公司，我还会花50美元进场吗？甲电脑公司是我今天应该选择的投资对象吗？"如果答案是否定的，那就不要再把新的资金投入到这个失败的投资对象上。

当然，你可能会认定答案是肯定的。正如公理10所说，与多数人相反而行通常是有利可图的。也许你的独立研判会让你相信甲电脑公司的困境不会像大多数人预期的那样持续很长时间，因此50美元的价格是一个真正的买入时机。或许真的有可能。

但请确认这不只是你一厢情愿的想法。如果你在寻找"便宜货"，股票市场和其他市场可是充满了便宜货。在你拿5000美元第二次买入甲电脑公司股票前，问问自己："为什么投给这个特定的投资对象？在所有有潜力的便宜货中，这个真的是我认为最有前景的吗？还是说，我只是想通过降低平均成本来让自己好受一点？"

就像固执一样，平摊成本会影响人们的判断。你要下决心从投资甲电脑公司这件事中抽离出来，寻找其他可能更好的投资机会，才有可能赢钱。

你在甲电脑公司上输了钱，想把钱赢回来，这一点无可厚非。但就像我们之前提到的关于西尔斯百货公司的问题一样，为什么一定要在甲电脑公司这里赢钱呢？到处都有赚钱的机会。摆脱对它的"固执"，你才能拓宽你的选择范围，提高你获得想要的收益的概率。

此外，这种平摊成本的方法的另一个问题是，它会让你忽视重要的公理3：当船开始下沉时，不要祈祷，而要尽快脱身。

正如我们在对"苏黎世公理"的研究中所指出的，这个尽快离场的决定会不可避免地带来小损失。而且做到这一点从来都不轻松，有时可能会非常痛苦。人们会找借口不去执行，一个很好的借口就是认为自己可以通过平摊成本来让情况扭转。"哦，我现在不需要卖掉它。我现在什么都不用做。如果股价继续下跌，我就多买一些，把买入均价降下来。"

所以，你坐在正在下沉的船的甲板上，勇敢地任凭周围水位上升。可行吗？并不可行。在这样一个充满危险的时刻，你不需要一个不作为的借口，也不需要审视自己的借口并试图验证它是否合乎逻辑，因为这样注定不会帮你挺过危机。

弗兰克·亨利认识一个人，他总是设法说服自己快乐起来。如果他买了什么东西，价格下跌，他会买更多，以此降低平均成本。价格越低，他就买得越多，平均成本就会下降得越低，他就会变得越快乐。这是一个华丽的心理陷阱，但让他心满意足。只是这并没有让他变得富有。这些年来，他一直深陷于一些不良投资之中，而且一直固守平摊成本法，还天真地以为自己很聪明。

公理 11 ｜ 关于固执

投资策略

现在快速回顾一下公理11。关于如何使用自己的钱，它可以为你提供可参考的建议。

这条公理强调，对于蜘蛛和国王来说，坚持不懈是一个好主意，但对于金钱世界中的冒险家来说就不一定了。当然，你可以坚持不懈地学习、谋求进步，但不要固执地试图从任何单一投资实体中赚钱。

不要抱着固执的心态去追逐投资。不要抱有任何认为某项投资"欠"你钱的想法。避开平摊成本这个诱人的陷阱，靠降低买入均价并不能改善你的糟糕处境。

只根据投资价值选择投资对象是一种自由，请务必珍惜。不要因为执着于一次失败的投资而失去这种自由。

公理

12

关于计划

长远计划会让人产生一种危险的信念，
认为未来在掌控之中。
永远不要把自己或他人的长远计划太当真。

乔治和玛莎在20世纪40年代相识并结婚。乔治是一名会计师，他在一家小型注册会计师事务所工作。玛莎是一家保险公司的秘书。按照当时的惯例，她在婚礼后不久就辞去工作，专心当一名好妻子和好母亲。乔治的薪水不多，但很稳定，他们两人的生活也是如此，既安稳又舒适。玛莎的父亲是一名小商人，为了使玛莎他们这对年轻夫妇的生活变得更好，他建议他们去咨询一下财务顾问，制订一个长期计划。

这确实是一件谨慎、明智、令人钦佩的事情，直到现在也依旧如此。所有的智者都说，每对年轻夫妇都应该有计划。有计划的人和没有计划的人在同样境况下的感受是完全不同的，就像《伊索寓言》（Aesop's Fable）中的蚂蚁和蚱蜢一样。严肃而务实的蚂蚁，为了迎接冬天的到来，整个夏天都在辛勤工作；而没有计划的蚱蜢却坐在那里，在阳光下歌唱。最后，可怜的老蚱蜢不得不手拿帽子过来乞讨食物，而蚂蚁却心满意足地说："哈哈，我早就告诉过你了。"

然而，在现实生活中，更常见的是蚂蚁被杀虫剂杀死或巢穴被推土机铲平。这就是因为它们在生活中太在意它们的"根"了（参见公理6），而这种对于"根"的执念部分来自长远计划。反观蚱蜢，它的脚轻，能轻松跳过路障。

乔治和玛莎现在60多岁了。他们几乎破产了。如果他们活得再久一点，他们就会彻底破产，一贫如洗，依靠救济过活。他们的长远计划几乎没有一条得到实现。

他们在20世纪40年代的时候就想过，希望退休时的退休金和社会保障收入加起来达到每月700美元，也就是每年8400美元。这在20世纪40年代是一笔非常可观的收入。事实上，在当时大多数调查问卷和年收入统计表中，最高的那部分通常是"7500美元及以上"，这已经是最富裕的收入水平了，没人能赚得比这个更多了。

当然，现在一个月700美元可以让你租到一个小公寓——只要你不考虑吃饭问题。如果你三餐固定，还想要花钱买衣服、支付医药费和购买其他必需品，那你的日子就难以应付了。

乔治和玛莎的长远计划是买一栋小房子，退休后住进去。他们打算用现金买下它，这样他们就不用为每月的贷款而操心了。为此，根据这一计划，他们得在65岁之前存下约2万美元。

如果你在20世纪40年代的美国拥有2万美元，你可以买两套房子，剩下的零钱还可以买一辆车。可是，该计划没有预见到，在20世纪80年代，这笔"巨款"怕是连一个狗窝都买不到。

无论如何，乔治和玛莎到最后也没攒够2万美元。许多意想不到的开支（每个人都会面临这一问题）和不幸让他们逐渐陷入贫困。

在20世纪60年代，乔治的雇主卷入了一场涉及伪造公司财务记录的混乱纠纷，公司最终破产。乔治因此丢掉了工作，他计划中的养老金也随之消失了。经过长时间的努力，他找到了另一份工作，但他没能按他和玛莎的计划拥有每月700美元的退休收入。退休后，他们不得不动用积蓄。尽管他们的存款利率是预期利率的3倍（20世纪40年代通常是2%至3%），但他们的本金还是在迅速减少。

他们住在一间破旧的小公寓里，吃着罐头食品，经常思考到底发生了什么。

事实上发生了两件事：一是**计划**，二是**意外事件**。

乔治和玛莎太依赖他们的计划了。他们深陷于此。在乔治平凡的职业生涯中，有几次他本可以换到一些有前途的新赛道上。例如，他本可以和朋友一起做生意。这位朋友想自己开一家注册会计师事务所。现在这家事务所已经经营得风生水起，这位朋友也很成功。然而，当这个机会出现在乔治面前时，他犹豫了，也害怕了。这似乎太冒险了。他和玛莎选择继续固守他们安稳的长期计划。他们不希望冒任何风险。他们把未来生活都设想得很明白了。这个长期计划能确保他们在年老时拥有一所漂亮的小房子和一份可观的收入。他们手里就有那只鸟，为什么还要舍近求远，去灌木丛里打两只呢？

然而，他们被自己的长远计划所蒙蔽了。他们万万没有想到，手里的那只鸟会飞走。

∴ ∵ ∴

正如公理12所言，长期计划会让人相信未来在自己的掌控之中。这是一个令人毛骨悚然的危险信念。

展望未来，我隐约能看到下个星期要发生的事。事件足够的连续性允许我做出一定的预测。我可以在星期三坐下来，为下个星期三制订一些财务计划。在允许误差的情况下，我可以对我和我妻子的股票、不动产、银行账户、白银和其他资产未来一星期的价值做出相当可靠的预测。当然，即使是这样的计划和预测也可能出现荒谬的错误。股票市场可能在下星期三之前崩盘；我可能会开车碾过别人的脚趾然后被起诉并赔光我的每一分钱。不过，我还是觉得提前7天做计划很舒服。计划的可信度不一定高，但还能接受。

针对未来一个月的预测，可信度就会明显下降。未来一年，就更难了。10年、20年，甚至是更久远的未来，是根本没办法预测和把控的，你几乎看不到模糊的轮廓，你甚至什么也看不见。这就像在夜深人静的时候透过浓雾看外面一样，等待我们的是一片未知。

如果你连你正在为什么情况做计划都不知道，又怎么可能制订出一个合理的计划呢？

为一个看不见的未来做计划，似乎是一件有点愚蠢的事。然而，人寿保险推销员、投资顾问和其他一些专业人士仍在敦促客户这样做，那些家庭——尤其是年轻家庭——也确实在这样做。在今天，他们仍会说，你应该有一个长远计划，就像乔治和玛莎当年一样，这是值得被称赞的。

但计划是一种对秩序的终生幻想。在那些经济学家、财务顾问和其他兜售20年计划的专家眼中，金钱世界仿佛秩序井然，就像一棵正在生长的树一样，经历着非常缓慢和可预测的变化。展望下个世纪，他们看到的金钱世界将以现在为基础，变得更宏大、更自动化，有更多的这个，更先进的那个。他们通过观察当下世界的特征，将一些眼前的趋势延伸到未来，并得出这些令人欣慰的结论。所有这一切都很令人满意，它还允许许多长期计划在此过程中不断调和。

所有这些满怀希望的规划者要么没有认识到，要么选择忽视的是，只有在有限的意义上，金钱世界才像一棵正在生长的树。仅仅通过观察当今世界趋势就能预测世界的未来，这种想法是荒谬的。毫无疑问，其中一些趋势将在未来20年逐渐消失或彻底逆转，没人知道结果会怎样。全新的趋势将会出现，它们可能是今天的人们不曾设想过的。不确定性将使我们措手不及。繁荣、萧条、动荡、战争、经济崩溃等，我们都可能会遇到或经历，我们谁也不知道前方等待我们的是什么。

未来20年的金钱世界，隐藏在一幅帘子后面，一丝微光也透不出来。你甚至不知道现在这个金钱世界、美元或用美元可以买到的东西之后还是否会继续存在。

因此，不要试图制订长远计划，也不要让别人为你制订长远计划。他们只会阻碍你。相反，要像蚱蜢一样，保持轻盈的脚步。与其试图调整你的事务以适应未来不确定的事件，不如在已知事件发生的当下做出及时反应。当你看到机会时，就抓住它。当你看到危险时，就赶紧闪开。

就金钱而言，你唯一需要的长远计划就是保持想要致富的想法。但如何才能确切地达到致富这个目标，这是无法预测的，除非用最一般最普通的方法。我很喜欢并经常投身于股票市场，我认为我个人的"致富方法"将与这个特殊的市场有关。

但这就是我对自己未来财务状况的全部了解。因此，我能为未来做的唯一准备就是继续研究市场，继续学习和提升自己。如果你能把这么模糊的事情叫作计划，那这就是我唯一的计划。

你的计划也应该是这般自由灵活的。要下定决心去了解所有你能了解的并吸引你的各种机会，但永远不要忽视这种可能性——不，应该说是确定性——你的投资工具和影响它们的环境将以你当下无法想象的方式发生变化。不要让计划束缚住你，不要被轻易困住，不要像蚂蚁一样"扎根"，成为命运推土机的潜在受害者。

次要公理16

避开长期投资。

弗兰克·亨利的老东家瑞士银行的一位高管给我讲了一个悲伤的故事：一位名叫宝拉的长期投资者被彻底逼疯了。

她刚参加工作的时候，是福特汽车公司生产线上的一名普通工人。利用公司为员工提供的培训和自我提升项目，她一路打拼到了管理层。在这个过程中，她积累了几千股福特的普通股。她的丈夫在她50多岁时去世了，留给她的是底特律郊区的一所大房子和佛罗里达州的一所度假别墅，而这两所房子她都不想再住下去了。她决定把它们都卖掉，提前从福特退休，把所有的钱都投入到福特的股票中，从此靠分红过上幸福的生活。

那是在20世纪70年代末，福特当时的股息为每股2.6美元。新买的股票加上她之前的积累，她大约持有2万股福特股票。这些股票每年产生的股息总计约5.2万美元。这笔钱，作为收入，是全部都需要纳税的（除了美国国税局规定的不用纳税的那100美元）。但加上她的少量提前退休养老金，宝拉的生活可以过得安全又舒适。

她的经纪人也是一名女性，曾给她打过一两次电话，警告她说汽车行业似乎正在经历剧变。这位经纪人建议，在价格下跌之前出售福特的股票。这或许是个好主意。如果宝拉只想要可观的收入，她为什么不考虑购买大型公用事业公司的股票呢？公用事业公司通常将很大一部分收入用于现金分红。这些股票的价格往往上涨缓慢，但股息收益率通常在9%至15%之间——是大多数其他公司所能支付的2到3倍。

但宝拉拒绝了，她宁愿继续持有福特，因为她了解这家公司，信任它，持有它的股票感觉很舒服。至于股价下跌的可能性，她说，她一点也不担心。这是一项长期投资。在可预见的未来，她没有出售它的计划。她甚至一年都不会在报纸上查一次股票价格。上涨八分之一，下跌八分之一——又有谁会在意这些波动呢？她不在乎这些。她只想每个季度从自己的股票中得到丰厚的股息。除此之外，她告诉经纪人，她只想把自己的股票锁在保险柜里，然后忘掉它。

1980年，福特将股息从每股每年2.6美元下调至1.73美元。宝拉的收入下降到3.46万美元。

正如我们之前在另一个故事中提到的，在1980年，美国汽车工业的问题不断加剧，所有大型汽车制造商的股票价格都在暴跌，包括福特。宝拉早就该退出了，但她早已深陷泥沼。

1981年，福特将股息削减至80美分。宝拉的收入下降到1.6万美元。

1982年，福特根本没有派息。宝拉已经绝望了。在这惨淡的一年里，她不得不出售约4000股股票，从而筹集现金支付生活费用，并偿还一些日益增加的债务。当然，这时的股价已经低得惊人。她被迫以远低于买入价的价格出售这些股票。

1983年，福特开始艰难地摆脱困境。董事会宣布派发50美分的股息。到当年年初，宝拉只剩下1.6万股股票，而在这一年里，她不得不再卖出2000股。1983年，她的股息收入仅剩7000美元左右。

1984年，情况看起来稍微好了一些。股息是1.2美元。宝拉还剩下1.4万股，共计约1.6万美元收入。这仅够她维持生计，且远非她在长期计划中所设想的。

∴ ∵ ∴

杰西·利弗莫尔写道："我可以肯定的是，与那些所谓的长期投资者放任其投资自由发展而承担的巨额损失相比，**短期**投资造成的损失是很小的。在我看来，长期投资者都是胆子很大的冒险家。他们打了个赌，如果输了，他们可能会输掉所有的钱。而聪明的冒险家将……通过迅速行动，将其损失降至最低。"

正如我们所见，利弗莫尔不是一个百分之百成功的冒险家。他虽然发了4笔横财，但一转身就失去了这些财富，最后在黑暗的痛苦中结束了生命。但在他给他的投资引擎加好油并调整好之后，它就像劳斯莱斯一样嗡嗡作响。他的话值得一听。

因此，请注意他的核心思想："长期投资者都是胆大的冒险者。"

他们当然是。把"赌注"押在明天已经足够冒险了。把"赌注"押在二三十年后的某一天绝对称得上疯狂。

长期投资，就像我们看到的许多例子一样，确实有它的魅力。最主要的一点是，它使你不必频繁地做出痛苦的决定。你只需要做一个决定——"我买下它，然后静待结果"——就可以放松了。这迎合了懒惰和懦弱，这两种特质是我们每个人都具备的。此外，拥有一笔长期的储蓄，再加上大多数储蓄都有某种长期计划的安稳感，会带给你一种惬意的沉浸感——生活就应该是这样！黑夜里的任何东西都抓不住你，除非你想要被抓住。

长期投资的另一个魅力在于，它们可以节省经纪佣金。你越频繁地买进卖出股票、货币或不动产等，你的资金就越容易被佣金和其他费用侵蚀。这在佣金很高的房地产行业可能非常重要，但在大多数其他投资领域，它的重要性通常是微不足道的。尽管如此，许多长期投资者仍将佣金和费用问题作为一个理由。

你的经纪人或交易商更希望你是一个脚踏实地、行动迅速的冒险家，而不是一个长期的交易者。你交易得越频繁，经纪人或交易商赚的钱就越多。在这种特殊情况下，他的经济利益与你的行为密切相关。

不要有"扎根"的想法。你至少应该每3个月左右对你的每笔投资进行一次重新评估，重新证明自己的合理性，不断问自己：如果今天是第一次对它进行评估，我会把我的钱投入其中吗？它是否会朝着我所设想的点位前进？

这并不意味着你要为了操作而频繁操作。但是，如果你第一次操作完之后，情况发生了变化，或者它正在走下坡路，或者它的点位离你设定的预期值似乎越来越远，又或者根据情况的变化条件，你看到了另一个机会显然对你来说更有前途，那么就果断采取行动，尽快操作。

∴ ∵ ∴

坐拥长期投资带来的果实的冲动不仅仅源于我们自己的懒惰、懦弱和其他内在问题。我们周围的世界也对我们施加了很大的压力。

例如，许多大型上市公司，会安排帮员工优先购买自己公司的股票，这听起来很有吸引力。你与公司签约并上报每个月投资的固定金额就行了。为了让员工更方便地购买股票，一些公司甚至会直接从你的工资里扣除这笔钱，自动帮你购买股票。你永远看不到这笔钱。这真是"无痛"投资！

这种安排的作用，就是在你原本可能并不想"扎根"时，促使你扎根于此。这意味着怎样的风险呢？举个例子，如果在过去几十年里长期投资通用汽车的股票，会怎样？1971年，该股票的交易价格高于每股 90 美元，但之后就再没这么高过了。

各种投资领域的经纪人和交易商也会向你推荐他们通常所说的"方便的"月度投资计划。你一个月花一定的金额购买你选定的产品，这不会无情地将你锁定在长期投资上，但它确实有这种倾向。它的危险之处在于，它鼓励你编造一个长期计划："让我想想，现在，如果我每个月向乙电子公司投资若干美元，如果股价每年小幅上涨10%——到65岁时，我就会有好几万美元！我要发财了！"

别这么指望了，我的朋友。

共同基金的销售人员也会在你眼前抛出许多诱人的关于长期计划的甜言蜜语。他们同样有他们"方便的"月度投资计划。他们会给你发送精致的图表，告诉你如果你在过去的20年里一直持有它们，你现在就过上多好的日子了。或者，如果它们过去的表现太糟糕，以至于无论多么巧妙的图表都无法掩盖这一点，那么他们就会给你发送另一种图表，告诉你，如果你签约了，未来将是多么美好。

还有人寿保险行业。这是一个极其复杂的行业。然而，归根结底，我们可以说人寿保险主要分为两种：一种是让你进行长期投资的，另一种则不是。我的建议是：避开前者。

需要长期投资的寿险有时被称为"终身"寿险。它被设计用来做两件事：为你的受益人提供资金，或为你提供养老金。无论它有着怎样令人眼花缭乱的形式，有一点是不变的：它非常昂贵。

和蔼可亲、穿着保守的推销员把他的图表摊在你的咖啡桌上，用虔诚的语气谈论着长期计划，真诚地希望你购买这种人寿保险。如果你购入，他会得到一大笔佣金。他想让你在二三十年内投入大笔资金，但这笔交易对他而言可能不像对你而言那样长期。十有八九，他在头一两年就能拿到30年佣金的很大一部分。

他强调的主要卖点是，你不是在"购买"，而是在"投资"。如果一切顺利，最终你会得到你投入的全部，或者是其中很大一部分。与此同时，如果你意外离世，你的家人会受到保护。听起来很不错，不是吗？

事实并非如此。销售人员要求你做的事情简直太疯狂了。他希望你做出长期投资的承诺，为一个遥远的未来定期投资数千美元。你怎么知道未来的世界会是什么样子？今天坐在这里，你怎么能确定你在10年或20年后会想要投资这种产品呢？也许，世界很有可能将以不可预见的方式发生变化，让这种养老金变得一文不值。那为什么还要让自己陷入长期计划的泥沼中呢？

如果你的家人没有你就会陷入经济困境，那么请买最便宜的定期保险来保护他们。这笔钱会在你死后补偿给你的家人，但这才是买入它的唯一目的。它不会把你锁住。如果有一天你的家人不再需要你做这些了，或者你的生活发生了一些变化，你只需放弃保险，停止支付保费。与此同时，因为保费很低，你会有闲钱在别处投资。

关于未来，你所能知道的就是，无论如何，它一定会到来。你看不到它的轮廓，但至少你可以准备好应对它可能带来的机遇和危险。光是站在那里让它从你身边溜走是没有意义的。

公理 12 ｜ 关于计划

投资策略

公理12警告我们，为一个看不见的未来做计划是徒劳的，也是危险的。不要固守长期计划或长期投资。相反，当事情在眼下发生变化时，你要做出及时反应。当机会出现时把钱投进去，当危险出现时把钱撤出。珍惜行动的自由，它能让你做到灵活应变。永远不要放弃这种自由。

公理12告诫我们，你只需要一个长远的财务计划，那就是保持致富的决心。而关于**如何**致富，则是未知的，也是无法计划的。你只需要知道，你终究会以某种方式变得富有。

量价分析

量价分析创始人威科夫的盘口解读方法

著者：（英）安娜·库林
ISBN：9787515344379
定价：59.00元
出版社：中国青年出版社

美国亚马逊量价分析主题图书长期排名居前。

威科夫量价分析法至今被华尔街所有投资银行奉为圭臬。

杰西·利弗莫尔、J·P·摩根、理查德·奈伊所倡导的盘口解读法。

内容简介

每一次我们进行交易时，都会面临这样一个问题，"接下来的价格会是什么样的？"量价分析将提供答案。在交易中有两个很重要的指标。一个是价格，另一个是成交量。如果孤立地看这两个指标，我们得到的信息不多，但如果将这两个指标相结合，就会产生一个非常有力量的分析方法。

量价分析之父理查德·威科夫曾多次采访杰西·利弗莫尔、J·P·摩根，发现这些大师都拥有一个共同点：就是将行情纸带作为投资决策的依据，通过价格、成交量、时间、趋势发现基本的供求规律。他们都是盘口解读的倡导者。

本书详细阐述了理查德·威科夫分析方法的精髓，系统介绍了量价分析方法的各个层面，用简单易懂的方式解释了这其中的常识与逻辑，包括量价分析的重要原则、市场是如何被操纵的、需要注意的重要的K线图形态、支撑位与阻力位、动态趋势和趋势线、价量分布分析。所有这些构建起了整个量价分析法。

本书是以局内人（做市商）的视角写作的，阐释了局内人的行为轨迹，以及为什么量价分析是帮助你看到市场内部行为的好方法。作者帮助你洞察他们的行为，识破他们的伎俩，破译市场信号，跟随他们的行动，在他们买入的时候买入，在他们卖出的时候卖出，成为局内人以外的能够从市场中获利的群体。

像格雷厄姆一样读财报

著者：[美] 本杰明·格雷厄姆
克宾塞·麦勒迪斯
定价：49.90元
中国青年出版社出版

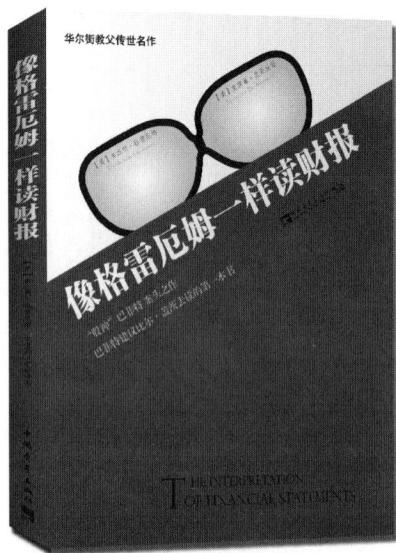

◆ 华尔街教父传世名作　　◆ 股神巴菲特案头之作
◆ 巴菲特建议比尔·盖茨去读的经典好书

内容简介

　　这本格雷厄姆在1937年出版的财务报表解读，是没有会计学背景的投资人，进入价值投资领域的便捷途径。

　　格雷厄姆的投资理念深深地影响了沃伦·巴菲特、彼得·林奇等当代投资家。尤其是巴菲特在金融风暴中展现的中硫砥柱角色，以及在众人恐慌中大手笔购进多家上市公司股票的胆识，实在令人佩服。这种人弃我取的投资行为，需要实践经验的长期累积，更需要一套稳定可行的投资逻辑来增强信心。重点是，深藏在巴菲特背后，帮助他克服恐慌心理的价值投资理念，究竟是如何形成的？实质内涵如何？本书以简单的文字，一步一个脚印地叙述了财务报表分析的诀窍。要想练好价值投资基本功，这是一本好教材。

《与巴菲特共进午餐时，我顿悟到的5个真理： 探寻财富、智慧与价值投资的转变之旅》

当一位年轻的对冲基金经理以 65.01 万美元竞拍价
与巴菲特共进午餐时，将会发生什么？
他成为了一名真正的价值投资者。

ISBN：978-7-5153-3151-5
著者：（美）盖伊·斯皮尔
开本：16开
页数：232页
出版社：中国青年出版社

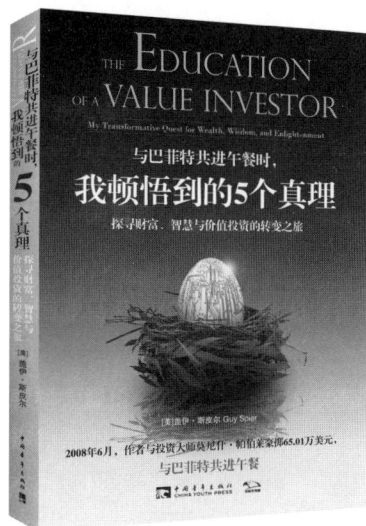

内容简介

  本书记录了作者的重大转变，从一个年轻傲慢的投行经理，变成了一个坚守价值投资、取得高度成功的对冲基金经理人。作者的转变与进步，源于他的深刻反省、格雷厄姆与巴菲特的投资理念，同一些全球优秀投资家的学习与探讨，还有与心中偶像沃伦·巴菲特的一次午餐，这顿价值65.01万美元的慈善午餐教给了他人生中颇有价值的道理，包括非常规思维往往更好、永葆好奇心与童真、学会说不、忠实于自己、培养并维系有价值的人际关系。在这次午餐之后不到一年时间里，他从曼哈顿搬到了苏黎世，不再向新的投资者收取管理费，也不再着迷地查看股价。

  作者的故事充满了力量，常有令人惊愕之处，对投资、交易和高风险决策的敏锐洞察比比皆是。通过分享过往的投资案例，作者详细讲述：为什么正确的榜样是投资成功的关键；如何构建更好的投资流程；如何过滤掉市场中让大多数投资者受干扰的短期噪音，并从中获利。更重要的是，他解释了对自我清楚的认知如何帮助他梳理思绪，并做出更好的投资决策——而不是被好胜心、嫉妒、恐惧所驱动进行决策。书中还介绍了他与著名投资家莫尼什·帕伯莱共同总结的"投资者检查清单"，这样的检查清单可避免投资者犯重大错误。作者还给出了一些投资建议和技巧，以及做出明智决策的方法。

  对于任何对投资感兴趣的人，对于那些想要通过走不同道路获得成功的投资者，本书将提供视野、指导与激励。